TOME
BR 06

Coleção Palco
Sur Scène

Collection Palco sur Scène

Auteurs français
Jean-Luc Lagarce
Philippe Minyana
Michel Vinaver
Bernard-Marie Koltès

Auteurs brésilien
Bosco Brasil
Newton Moreno
Rodrigo de Roure

Coleção Palco
Sur Scène

MADAME CHOSE

LES DERNIERS JOURS DE GILDA

Rodrigo de Roure

© Madame Chose 2002 et Les derniers jours de Gilda 2004, Rodrigo de Roure,
© de la traduction Maria Clara Ferrer, 2009

Tous les droits réservés   **Imprimé au Brésil 2010**

Donnée Internationales d' Indexation
Bibliothèque des Presses Officielles de l'État de São Paulo

Roure, Rodrigo de, 1978
    Madame chose; Les derniers jours de Gilda / Rodrigo de Roure; traduit du portugais (Brésil) par
Maria Clara Ferrer. – São Paulo : Alliance Française : Institut Totem Cultural : Presses Officielles
de l'État de São Paulo, 2010.
    89p. – (Collection Palco sur Scène / Coordinatrice Marinilda Bertolete Boulay)

    Oeuvres publiées ensembles en sens inverse.
    Publiée avec : A senhora coisa; Os últimos dias de Gilda en portugais (87p)
    ISBN 978-85-7060-782-9 (Presses Officielles)
    ISBN 978-85-2193-05-7 (Institut Totem Cultural)

    1. Théâtre brésilien 2. Théâtre (Siècle 21) – Brésil 3. Littérature brésilienne I. Boulay, Marinilda
Bertolete. II. Títre. III. Série.

                                             CDD 869.92

Indices pour répertoire systématique:
1.Théâtre : 21 ème siècle : Brésil 869.92

Le dépôt a été fait selon la loi brésilienne à la Bibliothéque Nationale
Loi nº 10.994, du 14/12/ 2004

Toute reproduction intégralement ou partiellement est interdite
sans autorisation préalable des éditeurs

ALLIANCE FRANÇAISE
Rua General Jardim, 182 7º andar
01223 010 São Paulo SP
T 00 55 11 3017 5699
T 00 55 11 3017 5687
F 00 55 11 3017 5694
dirgeral@aliancafrancesa.com.br
www.aliancafrancesa.com.br

INSTITUTO TOTEM CULTURAL
Rua José Angelo Calafiori, 52
13960 000 Socorro SP
T 00 55 11 3589 6424
C 00 55 11 9160 3589
totem@uol.com.br
www.totemcultural.org

**IMPRENSA OFICIAL
DO ESTADO DE SÃO PAULO**
Rua da Mooca, 1921 Mooca
03103 902 São Paulo SP
SAC 0800 0123 401
livros@imprensaoficial.com.br
sac@imprensaoficial.com.br
www.imprensaoficial.com.br

Coleção Palco
Sur Scène

MADAME CHOSE

LES DERNIERS JOURS DE GILDA

Rodrigo de Roure

Traduit du portugais (Brésil) par Maria Clara Ferrer

a*f*
Alliance française

ITC
instituto totem cultural

imprensa**oficial**

PRÉSENTATION

La collection *Palco sur Scène* présente la diversité de la production théâtrale contemporaine en valorisant plus particulièrement la nouvelle scène française et brésilienne.

En publiant des textes inédits, les Presses Officielles de l'État de São Paulo met en lumière les héritiers de la longue tradition du théâtre de recherche. Apparu en France sous l'impulsion de nombreux auteurs et metteurs en scène, le théâtre expérimental a eu un effet déterminant dans la construction de la réflexion sur notre temps.

Du côté brésilien il est très difficile la reconnaissance et l'édition de textes dramaturgiques. Il suffit de se souvenir du dramaturge brésilien Plinio Marcos, et ses innombrables publications indépendantes, qui vendait ses propres livres dans les escaliers du Théâtre Municipal de São Paulo. Nos publications tiendront en compte quelques uns des talents les plus représentatifs du théâtre expérimental.

Dans cette collection, deux langues et deux cultures se rencontrent pour perpétuer les sortilèges et le pouvoir du théâtre qui, depuis les grecs, reflète les interrogations de la société. Le théâtre possède cette force de confronter éthique et esthétique. Il actualise, face au temps qui passe, les grandes questions qui touchent l'homme et le monde contemporain.

Nous avons ainsi la certitude de proposer des thèmes qui appellent au débat et de maintenir en vie l'histoire du théâtre.

Hubert Alquéres
Directeur Président
Presses Officielles de l'État de São Paulo

DE MOLIÈRE À DE ROURE

Molière, Shakespeare, Nelson Rodrigues ou encore Beckett sont des auteurs reconnus dans le monde entier… quel rare théâtre n'a pas entendu résonner les paroles de ces auteurs ? Quel acteur ou quelle actrice n'a pas rêvé en lisant ces textes d'interpréter le valet Scapin, Cordelia ou Alaíde. Depuis plusieurs générations, les pièces de théâtre de ces grands auteurs, largement publiées et traduites, sont jouées dans toutes les langues, passent de mains de metteur en scène en metteur en scène, traversent les frontières linguistiques du monde, stimulant la variété des montages théâtraux, les interprétations possibles, donnant à ces « classiques » une sorte d'éternelle jeunesse, au grand bonheur des spectateurs.

Jean-Luc Lagarce, Bosco Brasil, Philippe Minyana, Newton Moreno, Michel Vinaver, ou bien encore Rodrigo de Roure mériteraient eux aussi d'être lus et montés beaucoup plus et pas seulement, ou presque, dans leur pays d'origine.

Notre volonté de traduire et de publier les textes – jusqu'alors disponibles de manière confidentielle – d'auteurs contemporains incontournables, comme les français est notre tentative de rendre plus accessibles leurs écrits à des professionnels du théâtre français et brésilien et, à travers eux, plus tard, à un large public.

Publiés dans des ouvrages élégants et des traductions de qualité, dans une édition bilingue (français et portugais), intitulée *Palco sur Scène*, ces auteurs retrouvent de l'évidence et, espérons le, la visibilité et la reconnaissance qu'ils méritent de part et d'autres des frontières de nos deux pays… Entendrons nous l'écriture ciselée de Lagarce plus souvent dans les théâtres brésiliens ? Entendrons nous régulièrement les écrits sulfureux de Newton Moreno dans un théâtre parisien ou au festival d'Avignon ? Stimuler les rencontres d'auteurs et de metteurs en scène entre la France et le Brésil, l'enjeu est bien là et il est de taille.

Philippe Ariagno
Attaché Culturel
Consulat de France à São Paulo

PALCO SUR SCÈNE

La collection bilingue *Palco sur Scène* présente la diversité de la production théâtrale française et brésilienne des dernières décennies. Elle met en valeur quelques unes des expériences de création et de dramaturgie qu'ont redéfinie le panorama du théâtre contemporain des deux pays. Solidaire à la cause des dramaturges, elle fait pression contre les murs de l'exigu couloir éditorial du secteur, permettant que leurs pièces traversent la barrière de la langue à la recherche de nouvelles interprétations et de nouveaux publiques.

Cette collection nous met en contact avec les textes de plus importants dramaturges français et brésilien de l'actualité. Au français Jean-Luc Lagarce, dont l'oeuvre donne naissance à cette collection en août 2006, se sont succédés Philippe Minyana, et Michel Vinaver. Les brésiliens Bosco Brasil et Newton Moreno passent dans cette édition la parole à Rodrigo de Roure, dont les monologues habiles, nous font pénétrer avec humour, simplicité et poésie deux univers féminins surprenants, ceux de Gilda et de Madame Chose.

Publiés dans la collection *Palco sur Scène* les textes de théâtre des auteurs contemporains brésiliens et français deviennent accessibles à tous, simples lecteurs ou gens de théâtre. Souhaitons que chacun y trouve les clefs nécessaires, le premier pour inventer sa « représentation fictive »[1], et le second pour les faire monter sur les planches, et…

– "Allons-y au Théâtre!", réplique qui nous laisse en héritage l'immense comédien brésilien Paulo Autran, qui résonne à la fin de chaque pièce dans la *Palco sur Scène.*[2]

Marinilda Bertolete Boulay
Coordination et direction éditoriale

---

1 In Anne UBERSFELD, Lire le Théâtre, Éditions Sociales, Paris, 1982.
2 Paulo Autran est disparu en 2007.

SOMMAIRE

PRESENTATION   7
DE MOLIÈRE À DE ROURE   8
PALCO SUR SCÈNE   10
RODRIGO DE ROURE ET LA NOUVELLE
DRAMATURGIE BRÉSILIENNE   15

MADAME CHOSE   21
LES DERNIERS JOURS DE GILDA   49

RODRIGO DE ROURE ET LA NOUVELLE DRAMATURGIE BRÉSILIENNE

C'est avec joie et fierté que j'écris ces quelques lignes à propos de Rodrigo de Roure, ce partenaire très cher qui m'accompagne depuis quelques années, tout d'abord en tant qu'acteur du Grupo Alice 118 (Groupe Alice 118), plus tard comme metteur en scène à la Cia. Teatral do Movimento – CTM (Compagnie Théâtrale du Mouvement – CTM), deux troupes que j'ai eu le plaisir de diriger. Mais, avant de parler de lui, permettez-moi de vous livrer tout d'abord une brève présentation du panorama artistique dans lequel Roure évolue.

La plupart des auteurs, metteurs en scène et acteurs du théâtre contemporain travaillent et pensent le théâtre d'une façon non hiérarchique ; c'est-à-dire qu'ils ne considèrent plus la scène comme matérialisation d'un texte, d'une action dramatique, mais plutôt comme un terrain propice à l'utilisation d'autres procédés de construction de la création, notamment la lumière, la sonorité ou la corporéité, parmi d'autres prémisses de l'élaboration scénique. On remarquera que ce type de montage donne lieu de plus en plus souvent à la construction d'une dramaturgie en rupture avec les structures conventionnelles du genre dramatique, qui refuse les "schémas" illusionnistes de l'espace, fondés sur les présupposés de la frontalité de la scène, la séparation scène-public et la démarcation d'un espace spécifique pour l'évènement théâtral, réservé à la représentation.

Dans ce contexte, on assiste à l'émergence, en ce début du XXIe siècle, de productions dramaturgiques de jeunes auteurs qui revitalisent la scène carioca, et dont les lectures et les mises en scène, qui enrichissent la discussion sur l'écriture scénique, sont de plus en plus demandées. Venus des milieux universitaires ou de l'univers théâtral, certains d'entre eux écrivent et dirigent eux-mêmes leurs textes, alors que d'autres sont liés d'une façon ou d'une autre à un directeur ou à une troupe. De toute manière, ils écrivent tous pour la scène, surveillent les répétitions, et partagent, donc, le quotidien de la pratique théâtrale. Ces dramaturges, parmi lesquels il faut citer Camilo Pellegrini, Daniela Pereira de Carvalho, Pedro Brício, Roberto Alvim et Rodrigo de Roure, s'inscrivent tous dans la mouvance qui catalyse cette forme nouvelle de concevoir le théâtre.

Depuis longtemps, je suis de très près le parcours de Rodrigo, sa détermination inébranlable à faire valoir ses conceptions, son dévouement à l'écriture. L'art de Roure se notabilise par la maîtrise et l'agilité qui émanent de ses monologues, tels *Senhora Coisa, Preâmbulo de uma carta de adeus* e *Os últimos dias de Gilda* – « Madame Chose », « Préambule d'une lettre d'adieux », « Les derniers jours de Gilda ». D'autre part, cette fluidité est également présente dans des textes qui explorent d'autres registres, tels *As impostoras*, *Muitos anos de vida* et *Preguiça* – « Les menteuses », « Nombreuses années de vie » et « Paresse » – où elle se manifeste dans un flux continu de conscience, à travers d'immenses constructions monologiques et dialogiques qui reflètent une pensée agile. Roure prend part au débat sur la contemporanéité avec un esprit critique ; il ne recule pas devant le flux verbal illustré par des références théâtrales et littéraires diverses, qui constitue déjà une caractéristique marquante de sa production textuelle. Au moyen, donc, d'une profusion de références et de citations – théâtrales, littéraires, documentales, entre autres – librement reprises, transformées et remaniées, il crée un domaine hybride fait d'écritures variées, fragmentées qui se déconstruisent, se renouvellent, se reconstruisent dans des contextes variés. Cette manière significative tisse la dramaturgie de Roure, fortement dédramatisée et lyrique.

Dans *Preguiça*, pièce écrite surtout pour la CTM, Roure joue avec les mots, s'amuse en produisant du sens et en le déconstruisant, en créant des significations au moyen des sons et du rythme, en inventant d'autres mots à partir des propres mots, en disant et en dédisant, en affirmant et en doutant de cette affirmation. Dans cette pièce, Roure explore les tensions de l'homme contemporain liées au « faire », à « l'agir », au « produire », en faisant des allusions à plusieurs époques, en remettant en question l'expérience du « temps » vécue par le monde capitaliste. En se fondant sur un discours imprécis et indéterminé, en mettant en scène des personnages vidés de sens psychologique, souffrant de constants oublis de mémoire et riant toujours d'eux-mêmes, l'auteur travaille les tensions de l'homme contemporain avec agilité et humour, utilisés ici comme artifices.

Une autre caractéristique remarquable de l'écriture dramaturgique de Rodrigo de Roure se retrouve dans l'exploration par l'auteur de la capacité de performance individuelle des acteurs pour lesquels il écrit. Dans *Preguiça ; Preâmbulo de uma carta de adeus ; As impostoras* et *Os últimos dias de Gilda,* notamment, il tire parti de leurs singularités et de leurs bizarreries en les mélangeant aux siennes. Il en résulte un texte dans lequel ces caractéristiques sont mises en évidence en même temps qu'elles disparaissent. Dans *Preguiça*, par exemple, Roure et moi avons donné aux personnages les noms des acteurs qui les incarnaient. L'intention de cette transposition était de faire en sorte que les acteurs construisent ainsi des « personnages » dotés de figures dramatiques créées par eux-mêmes, à leur initiative. Le jeu proposé : ces personnages ne seraient pas des représentations fiables et essentielles de « l'identité » de chaque acteur, ni même raconteraient des histoires ou des souvenirs de leurs vies. Ils sont et ne sont pas inspirés par les acteurs. Ils le sont parce que Roure s'est servi de leurs traits physiques, de leurs idiosyncrasies, de leurs habilités scéniques et de tout le matériel textuel qu'eux-mêmes ont fourni ; et ils ne le sont pas car tout cela n'est qu'une invention, rien d'autre qu'un assemblage de constructions hybrides nées d'elles-mêmes, provenant de la collecte d'informations, puis sommées par la libre imagination de l'auteur.

Senhora Coisa – à l'origine un conte, adapté pour le théâtre sous forme de monologue – a été choisie pour le Projeto Nova Dramaturgia Brasileira (Projet Nouvelle Dramaturgie brésilienne) en 2002. Les deux pièces retenues pour être publiées dans la collection Palco sur Scène – *Senhora Coisa* et *Os últimos dias de Gilda* – eurent un grand succès lorsqu'elles furent à l'affiche. Le public fut séduit par l'univers poétique pathétique qui hante les personnages de leur dramaturgie, ainsi que par l'intensité lyrique, ludique et dédramatisée de Rodrigo de Roure, qui, depuis lors, occupe la place qui lui est due parmi les meilleurs auteurs de sa génération à Rio de Janeiro.

Ana Kfouri
Détentrice d'une maîtrise de théâtre décernée par l'Université de Rio UNIRIO, directrice de la Cia. Teatral do Movimento et du Grupo Alice 118, fondatrice et coordinatrice du Centro de Estudo Artístico Experimental (Centre d'Étude Artistique Expérimental)

ColeçãoPalco
Sur Scène

MADAME CHOSE

Pièce traduite avec l'aide de la «Maison Antoine Vitez» Centre International de la Traduction Théâtrale, et mise en espace le 22 octobre 2005
au Théâtre de la Cité Internationale, Paris, dans le cadre du Festival
Teatro em Obras.

PERSONNAGES
ÁGUIDA
LA PETITE

*Musique. Le public entre. Sur scène, une chaise,
une table, un tiroir par terre rempli de serviettes
blanches, une corde à linge tendue. Madame
Águida et La Petite sont sur scène. Águida peint ses
oiseaux en bois et La Petite accroche des fleurs sur la
corde à linge et range les serviettes. Águida jette les
serviettes par terre, les piétine, verse exprès un pot
d'encre sur une des serviettes. La Petite, fâchée, sort.
Águida s'assoit dans un coin de la scène sur une de ses
serviettes. Musique « Emoçóes » de Roberto Carlos.*

ÁGUIDA – C'est sans cérémonie que ça va se faire. C'est quand on s'y attend le moins. Il n'y a là maintenant que dix choses qui vont se faire et. Dix choses. On dirait un truc de vieux être là à ressasser, et à penser, et à repenser à ce qu'on a et à ce qu'on pense, peut-être ne repenser qu'à ce qu'on a et qu'à ce qu'on pense, par exemple, j'ai toujours envie de commencer les choses, et bien juste après je pense, est-ce que je dois vraiment commencer les choses, et je finis par ne rien commencer du tout, et après je suis là à penser s'il n'est pas trop tard pour commencer les choses. Il est trop tard pour que quelque chose commence et il est aussi trop tard pour que quelque chose finisse. Une fois les choses finies, ça devient bien propre, l'espace. Je constate que je ne sais pas de quoi je parle et que je fais des choses que je ne comprends pas. Je n'ai jamais autant fait rien. Je ne pouvais pas imaginer que c'était si bon de ne rien faire. Au début, je trouvais ça horrible. Maintenant on m'oblige à faire des choses tellement je ne fais rien. Mais je peux au moins m'offrir le luxe de dire des bêtises. Je suis très douce. Très tendre. Je ne savais pas que je pouvais être ainsi. J'ai dix choses. Je ne sais pas ce que c'est. J'ai de la peinture, des pinceaux. Je peins chaque chose, parfois je réalise que tout est à moi, comme là maintenant, mais ce n'est que là maintenant. Si c'était toujours comme ça, j'aurais plus de mille choses. Mais je ne veux pas avoir tout ça. C'est trop peu. Si je voulais vraiment avoir tout ce dont j'ai envie, il faudrait que je vive encore soixante-dix ans. Toujours eu ce que je ne voulais pas, ça je le savais déjà, mais maintenant que je ne connais que les choses que j'ai toujours eues, on me les enlève, ces choses-là. Ils veulent que j'aie autre chose, mais ils ne disent pas quoi. Peut-être qu'ils ne le savent pas eux-mêmes. Je demande qu'ils m'expliquent, mais ils n'y arrivent pas. Ils sont très jeunes. Je vois les choses comme elles sont. Quelle langue parlent-ils? L'autre jour j'ai cru que c'était le français. Beau le français. Mais ce n'était pas du français. J'ai compris que ce n'était pas ça. De toute façon si je leur posais la question, ils auraient une attaque et tomberaient raides morts. Et moi je serais triste. Ils sont très tristes. Ils pensent que je ne le sais pas. Mais je sais qu'ils sont très tristes. Je n'ai jamais eu de la tristesse. J'ai eu d'autres choses dont je ne me souviens pas. Parfois, j'oublie que j'ai un corps. Et quand je m'en souviens, je pense à d'autres choses, comme : manger. Moi, je mange, mais ce sont eux les affamés. Moi je n'ai pas très faim, mais tant que je n'ai pas mangé, je n'ai pas la paix. Quand ça me prend de vouloir me faire à manger, ça crée toutes sortes de problèmes. On ne me laisse pas cuisiner. Et c'est à ce moment-là que je mange. Je mange ! Je mange ! Je mange avec hâte ! Et eux, ils se calment. Je suis plus pressée que lorsque j'étais jeune. Je sais qu'il reste peu de temps. Peut-être qu'il ne reste pas si peu de temps que ça. Mais il ne faut pas que ça nous tracasse. L'heure viendra. Et voilà. Ils pleurent tous, ils s'engueulent tous, ils s'en vont tous. Ce qu'ils ne savent pas c'est qu'ils sont déjà partis. Moi je le sais. Ils sont tous très tristes. À qui l'héritage ? Et oui.

ÁGUIDA – *(En criant fort à la Petite)* Mes pinceaux ! *(La Petite entre et lui rend ses pinceaux propres. Águida parle à la Petite, essaie d'attirer son attention)* Ce dont je me souviens. Quand ça commence à aller mal je les peins tous. Ils aiment se faire peindre. Ils sont très beaux. À l'instant, je disais à l'un d'entre eux qu'il ne fallait pas rester là comme ça. Comme ça là je ne sais pas. *(La Petite sort)* Mais c'était là comme ça. Là à moitié figé. En train de penser. Je lui ai dit qu'il ne fallait pas rester là comme ça à faire cette tête-là comme ça, comme s'il voyait tout, une tête toute blanche. Très sérieuse. Très très sérieuse. Alors j'ai chanté. J'ai chanté pour eux tous et ils ont aimé. Ils n'ont rien dit, mais ils ont aimé. On ne peut pas être aussi sérieux. Je ne sais pas chanter, mais je chante. Comme maman. Maman chantait beaucoup. Chantait debout, chantait assise. Parfois elle se mettait à chanter l'Hymne National. Elle collait sa main à la poitrine et le chantait en entier. *(Águida lâche les pinceaux pour coller sa main sur sa poitrine et chanter l'hymne. Elle se trompe, change l'ordre des vers et éclate de rire lorsqu'elle finit de chanter)* Maman faisait ce qu'elle voulait. Avant le déjeuner, elle chantait l'Hymne, le matin pareil. Elle n'avait pas grand chose à faire, elle chantait l'Hymne. C'était intéressant. J'ai dit aussi qu'il ne fallait pas faire attention à tout ce que je raconte. Je ne sais pas pourquoi j'ai dit ça. Ils me regardent. Pour aujourd'hui ils seront tous blancs. Demain peut-être qu'ils seront verts. Tout s'arrange. L'autre, il peut rester bleu pour aujourd'hui. C'est le seul qui sera bleu. Très beau le bleu. Je viens de dire à celui qui est blanc qu'il ne se sente pas mal juste parce que l'autre est bleu. Il pense être l'autre. Je lui ai déjà dit qu'il n'était pas l'autre. Mais je sais ce qu'ils veulent. Ils veulent que je sois les autres. Pas de ça avec moi. Je ne suis pas les autres. Ce sont eux les autres. Moi je suis la charité faite femme.

Bref changement de lumière. La lumière s'allume à nouveau. Águida reste assise.

ÁGUIDA – Je n'ai toujours pas faim. Parce qu'on a faim qu'une fois. Aujourd'hui je n'ai pas eu. Je les attends. Ils sont nombreux. Une armée entière. Aïe, aïe, aïe Teresa ! Ils ne connaissent rien. Mais c'est comme ça. Il y a des choses qu'on ne connaît pas. C'est mieux comme ça. Ils ne sont pas différents, c'est curieux. Ils sont tous pareils. Ils sont peut-être de la même famille. Est-ce qu'ils me ressemblent ? Qu'est-ce que je suis vieille, ça m'a impressionnée ! Il y en a un qui m'a montré une photographie et cette personne sur la photo m'a déconcertée. C'était moi, ils m'ont dit. Je n'ai pas l'habitude de contrarier les gens parce que je n'aime pas les discussions, et je ne veux pas qu'on pense que je veux du mal aux gens, doux Jésus loin de moi cette idée, mais s'ils veulent croire ça, je ne peux pas faire grande chose, et depuis quand on m'écoute penser ? Tout ce que je sais c'est qu'il y en a un différent des autres. Un jeune homme. C'est quoi son prénom. Le prénom du jeune

homme. Je crois qu'ils ne le connaissent pas.
C'est mon truc ça. Faut que je réfléchisse. Son
prénom c'est. *(Elle fait une sorte de bruit bizarre
comme un chat dans la gorge qui revient de temps
en temps)* Je l'ai avalé.

ÁGUIDA – Mais le jeune homme. Je ne connais
pas son prénom non plus. Je rêve de lui presque
toutes les nuits. Le prénom du jeune homme,
je l'ai oublié aussi. C'est un qui passe à la télé.
Il chante très bien ce jeune homme. Il parle
avec moi, me demande comment je vais. Je dis
que je vais, que tout va bien. Alors il prononce
mon prénom : Águida, Águida ! Il connaît mon
prénom et il ne l'oublie pas. Il prononce mon
prénom à merveille. Mais son prénom à lui je
l'ai oublié. C'est presque un manque de politesse
parce que lui il m'appelle. Águida, Águida !
C'est ça mon prénom ? C'est ça mon prénom.
Jamais je ne l'ai oublié. Le sien je le connais.
Mais je crois qu'il se trompe. Mon prénom, c'est
peut-être pas celui-là. Mais le sien je le connais.
Et je ne le dis à personne. Je le dis tout bas.
Roberto. Il chante comme un dieu. Et qu'est-ce
qu'il est beau. Mais ceux-là qui me regardent ne
sont beaux que de temps en temps. Et ils sont
là figés comme des bêtes. Ils sont tous blancs.
Toujours très propres, toujours très soignés.
Et figés. Des statues. C'est comme ça qu'ils
doivent me voir aussi. Ce qu'ils sont pour moi,
je dois l'être pour tous. Personne n'y échappe.
Tout à l'extérieur, rien à l'intérieur. Tout est creux.
Chez eux.

ÁGUIDA – Ils arrivent. J'entends leurs bruits.
Ils sont nombreux.

ÁGUIDA – *(Elle appelle La Petite)* Mes
pinceaux! *(La Petite entre et ramasse les pinceaux
éparpillés par terre. Águida essaie de retenir La
Petite, celle-ci ne semble pas vraiment avoir la
patience d'écouter les histoires d'Águida et finit par
sortir)* Il y en a un qui vient ici tous les jours.
J'aimerais savoir s'il a faim. J'oublie toujours de
lui demander, parce que moi je n'ai pas faim.
Mais ils me donnent toujours à manger. Ils me
donnent à manger plusieurs fois par jour. Ça,
ils n'oublient pas. Ils pensent qu'il n'y a que ça
dans le monde. Qu'une vieille pour être heureuse
n'a besoin que de bouffe. Et de bain. Mais je
n'ai pas envie de parler de ça. Il y a plusieurs
autres choses, par exemple, aujourd'hui, j'ai
eu beaucoup de travail. Les choses sont très
difficiles. Parce qu'elles doivent être faites à leur
manière. Mais ils ne connaissent rien. Et ça,
c'est très triste, je le dis, c'est très triste que les
chiottes soient bouchées. C'est comme ça depuis
des jours. Avec ça je ne peux pas faire mon caca
là-dedans. Je le fais dehors. Et puis j'enroule la
masse dans un papier et je la jette à la poubelle.
C'est vraiment beaucoup de boulot parce qu'il y
a des jours où c'est une grosse masse, mais il y a
des jours où c'est tout petit, ça ne se voit presque
pas. J'ai d'autres envies liées à la masse. Enfin,
je la jette à la poubelle. Ce n'est rien du tout
dans une vie. Ils passent beaucoup de temps aux
chiottes. La Petite, celle qui me donne à manger,

elle y passe des heures. Et elle est obsédée par
l'eau, cette Petite. Et elle veut me forcer à me
laver. Je ne comprends pas le pourquoi de ces
choses-là. On a toujours ce qu'on n'aime pas.
C'est rare d'avoir tout très bien. Maman, tout à
l'heure, avait la foufounette qui la brûlait. Elle
couinait tellement. Elle couinait. Elle faisait
des bruits. Mais je me demande si ce n'était pas
La Petite. C'était peut-être Maman. Si c'est La
Petite ça va. C'est bien comme ça. Je lui ai donné
des serviettes. J'en ai plusieurs. Si belles que ça
ne se raconte pas. Une beauté, ces serviettes.

Entre La Petite qui range la table.

ÁGUIDA – Cette Petite est une peste. Elle me
porte du pain et du café. Mais si ce n'était que
ça, ça irait très bien. Sous la tiédeur du pain se
cachent des tout petits. Ils sont choux. Je crois
que c'est de leur faute, ces tout petits. Je dois
faire attention parce qu'ils courent. Je les garde à
l'intérieur de moi. Par pure charité. Ils sont faits
pour ça. *(Elle change de ton pour que La Petite
l'entende. La Petite s'assoit sur la chaise et l'entend)*
Mais je parlais de Maman, Maman était une
femme superbe. Elle jouait du piano pour Papa.
J'adorais voir Maman jouer du piano pour Papa.
Tous les soirs je me réveillais et je l'entendais
derrière la porte de la cuisine. Maman aimait
beaucoup la musique. Moi aussi je trouve ça
très beau, le jeune homme. Vraiment très beau.
Son prénom c'est Roberto. Il chante comme un
dieu. J'ai commencé à l'aimer seulement après

sa mort. *(La Petite rit, d'un air moqueur)* Non,
le jeune homme n'est pas mort. C'est mon mari
qui est mort. J'ai commencé à l'aimer après la
mort de mon mari. Ils arrivent. *(À La Petite)*
Ils voudront manger. La Petite ne leur a rien
préparé à manger. Ils sont affamés. Ça a toujours
été comme ça. File ! *(La Petite sort, de mauvaise
volonté. Douche sur Águida)* J'ai dû aller aux
chiottes à nouveau. On dit que quand on est
vieille on devient plus sereine, plus tempérée.
Moi, je n'ai rien vu de tout ça. Si je ne bouge pas
je me salis. J'ai dû aller aux chiottes à nouveau.
Mais le pipi, ça ne se prend pas avec la main.
Ça se mélange avec l'eau.

*Musique. La Petite entre avec un plateau chargé
d'un verre d'eau et des médicaments que Madame
Águida appelle les « tout petits ». La Petite lui sert
les médicaments un par un. Il y en a quatre en tout.
Répétition des gestes. Chaque fois qu'elle lui en met un
dans la bouche, elle prend une gorgée d'eau. Águida
finit l'eau et lorsque La Petite sort pour remplir le
verre, elle jette le médicament. La Petite s'en rend
compte et lui en fait avaler un autre. La Petite sort.
Águida reste assise sur la chaise. Lumière sur elle.*

ÁGUIDA – Je n'aime pas trop parler. Je pense
plus que je parle. C'est déjà un progrès en soi. Et
je ne dis que la vérité. Des bêtises les mensonges,
pas de ça avec moi. Eux ils parlent. Sans cesse.
Des énormités. Aujourd'hui il y en a un qui m'a
dit que j'avais été mariée. Et il a dit que j'avais eu
un enfant. Voyez-vous ça. Maman a eu beaucoup

d'enfants. Je suis la dernière. La dernière ? Oui, je crois que je suis la dernière. Maman a dit à mon mari qu'elle avait la foufounette qui la brûlait. Elle dit de ces choses, Maman ! Mon mari, j'ai la photo de mon mari. Beau comme un dieu. Un homme sérieux et distingué, mon mari. On dirait le jeune homme de la télé. Celui qui chante. La Petite connaît. Je dois trouver où sont mes serviettes. *(Elle recommence à peindre ses animaux)* Il y avait une autre petite ici. La Petite négresse. Très belle, la négresse. Le fond des yeux blancs, les dents blanches. Elle riait à peine, la petite négresse. Elle riait très peu. Maligne comme tout la négresse. Maintenant je me rappelle, une fois elle a ri pour de vrai. Qu'est-ce qu'elle a ri. Jusqu'à en avoir mal. Et c'est là que j'ai vu ses dents. Un sourire aigu. Immense. Après elle est devenue vieille. Si vite ? Elle avait mal aux jambes, elle boitait. J'ai toujours remarqué qu'elle avait de la moustache. La petite négresse avait de la moustache. Bon, je ne lui ai rien dit. On ne peut pas tout dire. C'était l'âge. Moi, de la moustache, je n'en ai pas. J'ai des taches. Je suis vieille maintenant. Il est tôt encore ? Personne ne me dit rien. La petite négresse était si jeunette. Elle avait ses 15 printemps. Elle voulait faire des études, elle aimait aller à l'Église aussi. Elle habitait loin, la petite négresse. Et un jour, elle n'a plus voulu venir ici. Elle a dit qu'elle était fatiguée. Qu'elle ne mettrait les pieds dehors que pour aller à l'Église. Et elle a arrêté les études, la petite négresse ? Je crois que je parle de deux petites négresses différentes. Alors, celle-là est venue. Cette Petite. J'ai faim !

Elle parle avec ses oiseaux et avec ses bêtes.

ÁGUIDA – Je dois vous laisser de temps en temps sinon je ne peux pas supporter. Les jambes me font mal. Vous ne sentez pas ces choses-là. Ils sont choux. Ils veulent des bisous tout le temps. Laissez-moi de temps en temps. Personne n'a autant besoin de l'autre. Vous me consommez. J'oublie même de prier. Mon mari priait au lit, la lumière éteinte. Et ensuite, je ne vous raconte pas son état… Mon mari faisait tout la lumière éteinte. La Petite me dit que je dois prendre les tout petits. C'est l'heure des tout petits. Je les trouve très beaux, les tout petits. Mais je ne sais pas qui ils sont. Parfois, je me dis que ce sont eux qui me font oublier les choses. Mais je ne crois pas. Je suis très ancienne. J'ai dit ça ? Vous voyez comment je suis. Suis-je ancienne ? *(Elle refait le bruit bizarre)* J'ai avalé quelque chose. La Petite dit que j'ai déjà mangé. Peu importe si j'ai mangé ou non. J'ai beaucoup à faire avant qu'ils arrivent tous. Je sais ce que je dois faire. Je vais jusque-là. *(Águida crache par terre)* Là. *(Elle crache à nouveau)* Exactement là.

Águida va jusqu'à la corde à linge fleurie.

ÁGUIDA – Mon mari disait *c'est splendide* ! Elles sont très belles, toutes belles. Celle-là c'est la. Elle s'appelle. Je ne sais pas comment elle s'appelle. C'est mon mari qui l'a plantée. Mon mari s'appelait. Je me souviens du nom de mon mari. Mon mari s'appelait Jésus. Je ne sais pas

comment j'ai pu me marier avec quelqu'un
qui s'appelle Jésus. C'était Celestina. C'est
Celestina qui s'est mariée avec un homme qui
s'appelait Jésus. Il était tout petit, tout rond,
presque chauve. Très beau prénom. Mon mari
s'appelait Jésus. Ils ont dit que j'avais des enfants.
Quand vont-ils arriver ? Dans pas longtemps
je sais. Bientôt ils seront là. Il y en a un qui est
très beau. Il n'y a que des hommes. Tous des
hommes, les pauvres. Ça me fait de la peine.
Je suis homme, *(Elle tousse un peu)* chat dans la
gorge. Mon mari fumait beaucoup. J'ai eu de
l'asthme. Mon mari m'a fait du mal. Je me suis
mariée et j'ai eu des enfants.

La Petite appelle Águida.

ÁGUIDA – *(Agacée)* La Petite m'appelle.

*La Petite entre avec une brosse. Águida fuit à
l'autre bout de la scène. La Petite, sans bouger,
attend Águida qui s'assoit contrariée sur une chaise.*

ÁGUIDA – Cette Petite prend un certain plaisir
à m'habiller. Elle serait capable de me retourner
les pieds en l'air la tête en bas. Je dirai tout ce
que je veux et si tu n'es pas contente tu n'as qu'à
déménager. J'ordonne car je suis la patronne et
je dis ce que j'ai à dire, même si je ne sais pas ce
que je dis, tant que je voudrai, ehhh, ferme la
aussi, je te dis de ne pas te fâcher contre moi.

La Petite se met à coiffer Águida, celle-ci pique une crise.

ÁGUIDA – Lâche-moi parce que mes cheveux
sont très bons et je ne vais rien faire comme
ils veulent et mes cheveux ne sont pas blancs,
ils sont noirs comme. Mes cheveux à moi, à
moi oui, mes cheveux ne seront pas de couleur
et je ne sais pas ce qu'elle veut cette bonne
femme avec mes cheveux, veut que mes cheveux
deviennent comme, comme des cheveux sans
couleur, si je n'ai plus de cheveux, je n'ai plus de
cheveux, et je ne veux plus Avoir de cheveux, je
me ferai une couleur quand je n'aurai plus de
cheveux, pas de couleur sur mes cheveux et ils
veulent me faire une couleur, mes cheveux, ce
sont mes cheveux… mes cheveux… mes cheveux
sont éternels… mes cheveux… sont é-ter-nels…
je cesse de penser et ils continuent à pousser.
Docteur Sanaka. C'est qui le docteur Sanaka?…
Celestina, Celestina fait de la labyrinthite. Son
Jésus est mort quand? Un voleur est entré ici et
son Jésus l'a chassé immédiatement.

La lumière baisse pendant que La Petite sort.
Águida se décoiffe. Changement de lumière.

ÁGUIDA – *(Dans le noir)* J'ai besoin de quelque
chose. *(La lumière s'allume)* Je n'ai pas d'argent…
qui a vu mon argent? On m'a laissée sans argent.
Je vais le réclamer à quelqu'un. Frapper à toutes
les portes comme ça en demandant. Qui a vu
mon argent? Ils veulent toujours. C'est très beau
de vouloir. Je trouve tout très beau…

Lumière sur la scène et sur le public. Comme si
c'était la fin de la pièce.

ÁGUIDA – Quelle heure est-il? Quelqu'un peut m'expliquer car je suis une vieille! Je suis une vieille! Les vieilles ont besoin qu'on leur explique. Quand je veux qu'on m'explique, je cherche à savoir l'heure. Quelle heure est-il? Combien de temps il reste ? Il en reste encore beaucoup? Quelqu'un m'achète de la peinture? C'est pour peindre les yeux de mes enfants. Je ne suis pas folle. On a dit ça. Je l'ai entendu. J'écoute tout. Mais personne ne m'écoute, moi! Rien à faire. C'est comme ça. La peinture rouge s'écoule. Quelqu'un m'achète de la peinture rouge? Chez Arthur, ça se vend. C'est qui cet Arthur?

Retour de la lumière sur Águida. La lumière s'éteint dans la salle.

ÁGUIDA – Mais ce que j'étais en train de dire, je me disais à moi-même, je disais que je ne savais pas si j'avais encore toute ma tête. On a dit que j'étais folle. En fait, souvent j'oublie, c'est tout. Ce n'est pas un problème pour moi si je deviens folle. Mon problème c'est le cholestérol, l'anémie, et la tension qui monte là-haut. C'est fou la tension ! J'ai tellement de tension en moi que je finirai par exploser. Faute du docteur Sanaka. C'est qui ce docteur ? C'est un homme un peu déréglé, on dirait qu'il est à moitié bigleux, un œil petit et l'autre grand, il regarde au fond des choses, il regarde au fond de moi, le docteur sait ce qui se passe en moi, mais il ne le dit pas, ce monsieur ne me traite pas bien, je peux le dire à vous tous ici présents, que ce monsieur ne me traite pas bien ! Il me fait avaler des choses. J'avale, je fais ce qu'on me dit de faire. Comme ça ils sont contents. J'aime les gens contents. Quand on me parle avec humilité, je fais de même. C'est une grande finesse.

La Petite entre avec un plateau et une assiette de soupe. Elle se dirige avec le plateau vers la table et fait asseoir Águida devant le plat. La Petite lui met une grande serviette en couleur autour du cou et Águida parle sans presque toucher à la soupe.

ÁGUIDA – *(À la Petite)* J'aimerais savoir où est mon mari. *(Silence. Elle parle au public)* Elle ne répond pas. On dirait qu'elle ne sait pas parler. Ou bien elle a peur de parler. On dirait un robot. Elle ramène ma soupe. Elle reste-là à côté de moi jusqu'à ce que j'aie fini. Si je lui dis de prendre des leçons de cuisine peut-être qu'elle se fâchera, parce que je n'ai jamais vu quelqu'un cuisiner aussi mal ! (*À la Petite*) Je lui ai demandé à propos de mon mari ! Elle ne sait pas. Je lui dis que Horacio vient pour déjeuner, elle rien. Je dis que Celestina ne vient pas me rendre visite, elle rien. (*Plus fort, insistant*) Monsieur Clesio est mort!!! Elle encore mains. Ils ont fait des misères à madame Zélia, fait des misères. Cette vieille allumeuse! Personne ne m'écoute personne ne m'écoute personne ne m'écoute personne ne m'écoute. Vieille allumeuse ! J'ai bien dit allumeuse ! Personne ne m'écoute personne ne m'écoute personne ne m'écoute personne ne m'écoute personne ne m'écoute. Cette vieille Zélia a chopé la malaria. Pauvre malaria.

*Silence. Elle lève la cuillère, mais ne mange pas.
Elle laisse tomber la cuillère pour parler. La Petite
range les serviettes, se lève et ramasse la cuillère.
Cela se répète plusieurs fois.*

ÁGUIDA – Alberto, Augusto, Aroldo. Ce
sont des prénoms. Je me rappelle bien. Ils ont
été mes médecins. Peut-être mes enfants. Ils
sont tous vieux. Presque morts. Des médecins
morts. Les médecins ne devraient pas mourir.
Mais il y en a un qui est mort. C'est lequel de
mes enfants qui est mort ? Où sont les autres ?
Tous pareils, tellement pareils que je ne sais pas
lequel est mort. Où sont les autres ? Je sais où
ils sont. Ils sont avec les autres, là. Les laides. Je
me souviens d'une. Elle sait que je me souviens
d'elle. Mon fils est avec celle qui pense que je ne
me souviens pas d'elle. Mais je m'en souviens. Et
je m'en souviendrai pour toujours. Mignonnette,
elle… suppliante. Elle fait la victime. Je fais
semblant de ne pas le savoir. Je fais la bête pour
pouvoir vivre. Je ne suis que douceur. *(La Petite
sort)* Bientôt elle sera là. Je dois me laver les
mains. S'ils savaient tout ce que je fais de mes
mains… Je dois être propre et soignée, c'est ça
qui compte. C'est La Petite qui l'a dit. Moi je
dis que quand ils vont arriver il sera tard. Elle
en met du temps, La Petite! *(La Petite entre en
balayant)* C'est la seule qui vient toujours. Je lui
ai donné un baiser. Je lui ai donné un. Je lui ai
donné une chose. Je lui ai donné un coup. Si
j'étais plus jeune, je me marierais avec La Petite.
Elle est chou. Parfois elle dit qu'elle s'en va.

Et elle s'en va. Des fois, elle arrive. Et elle dit :
Salut ! Moi je ne dis rien. Je hais cette Petite. Et
pour finir elle dit qu'elle ne s'en va plus. Elle n'a
qu'à rester. Parce que moi je suis ici et je resterai
ici pour toujours. Je ne sortirai pas d'ici. Je les
attends. Quel malheur ! J'ai dit ça ? Ça, c'est
mesquin. *(La Petite sort)*

ÁGUIDA – J'ai toujours été très heureuse. Mon
mari partait le matin à cinq heures et ne rentrait qu'à
une heure du matin directement vers son assiette de
soupe que je gardais pour lui. Il avait deux boulots,
un la journée et l'autre le soir c'est pourquoi j'ai été
très heureuse. *(Temps. Léger sourire)*

ÁGUIDA – *(Elle reprend)* Parce que moi je
m'occupais des enfants et lui de l'argent et des
gens chez qui il allait ah mon mari très bon
mon mari si Dieu m'entendait parler comme
ça je ne sais pas ce que je deviendrais mais mon
mari était très bon tellement bon que c'était
difficile de se disputer avec lui très correct ami
de la famille de l'État de Dieu des hommes mais
je le détestais personne ne m'écoute personne
ne m'écoute personne ne m'écoute personne
ne m'écoute de toute façon et je parle et
personne ne m'écoutera plus jamais parce qu'ils
n'arriveront jamais et je suis là la Petit et moi
j'ai tellement envie de faire un tas de bêtises La
Petite s'occupe de la maison si elle veut elle vole
tout l'argent car je sais qu'il y a de l'argent caché
personne ne le sait mais j'ai jeté plusieurs billets
à la poubelle pour qu'ils pensent que c'est La

Petite parce que personne ne me donne d'argent
et c'est mon mari qui m'a laissé de l'argent
et monsieur mon mari était un casse-pied il
n'aimait pas la musique forte il disait du mal de
ses sœurs il appelait mon fils communiste lui
et ses sœurs qui n'ont jamais eu de mari et qui
n'ont jamais couché avec un homme de leurs vies
elles ne se rasaient ni les jambes ni les aisselles les
dents jaunes comme des dents de clochard elles
parlaient de politique au milieu d'une bande
d'hommes comme si elles étaient des hommes
elles disaient du mal de Getúlio devant moi alors
ça dire du mal de Getúlio devant moi plusieurs
fois je suis rentrée de là-bas en pleurant et mon
fils communiste a voulu les frapper toutes mon
mari aussi détestait Getúlio et un des mes fils qui
n'était pas communiste parce qu'on m'a toujours
dit que mon fils, celui-là, avalait les choses et je
n'ai jamais su que mon fils avalait les choses et
c'était mon fils cadet et c'était le plus beau de
tous, il est mort… Il est mort. Ce Getúlio-là est
mort. Ils meurent. Les empereurs meurent. Les
héros aussi. Moi, je vis pour raconter. Et vous,
vous êtes morts et vous ne le savez pas. Toi qui es
bleu et toi qui es blanc. Tous les deux vous avez
des aigreurs d'estomac. Vous allez mourir...
je suis une personne opiniâtre.

ÁGUIDA – Mourir ? Non, je ne veux pas qu'ils
meurent. Je leur donnerai du café avant. C'est
le café qui nous tient en vie. Et la cigarette. Tout
le monde fume. Je n'ai jamais fumé. J'ai eu de
l'asthme. Mon mari a fumé à l'âge de 16 ans.

À cette époque, on devenait un homme très tôt. Il était très beau. Tout jeune. En costume blanc. Jeté en prison. Et oui, mon mari en prison. Il s'est pris des fessées sur l'île. Une fois j'ai voulu donner la fessée à mon mari. Je ne sais pas pourquoi. De l'amour peut-être. *(Sur un ton de moquerie évidente)* J'ai toujours été communiste et mon mari ne l'a jamais su. J'ai participé à des actions par-ci par-là. *(Elle reprend son sérieux)* Si Dieu m'entend parler comme ça je suis perdue. Mais personne ne m'écoute. Qui viendra à mon secours? J'aimerais apprendre à crier au secours. Est-ce que ça vaut la peine? Mais qui arrivera en premier ? Mon mari mort ou ceux encore vivants ?

Águida caresse ses serviettes. Musique. Elle éparpille les serviettes par terre et renverse un flacon d'encre entier sur une des serviettes. Elle traverse la scène avec la serviette sale et revient sur ses pas pour en chercher d'autres. La Petite entre et les remet à leur place. Cela se répète plusieurs fois, jusqu'à ce que La Petite en ait assez et sorte. Águida, comme si de rien n'était, s'arrête au centre de la scène.

ÁGUIDA – *(Dans un sursaut)* Il y en a un qui chante. J'allume la chose et il dit : Águida, Águida ! C'est mon prénom. Le sien je ne le connais pas. Très beau. J'ai toujours des choses à lui dire mais ça va trop vite.

ÁGUIDA – Il a dit qu'aujourd'hui il viendrait me rendre visite. *(On entend « Musica Suave » de Roberto Carlos pour la plus grande joie d'Águida.*

Elle sourit) Et quand il viendra je lui dirai ce que je veux lui dire. Je lui dirai que je l'aime. Mon mari ne l'aimait pas. Il disait que son chant était comme des pleurs. Je sais. Je sais qu'il avait une grande douleur en lui. Une douleur incurable. Tellement noble. Et je l'aime. Il est si tendre… il m'a vue nue, je n'ai pas eu honte. Je n'ai pas eu honte. Honte…

ÁGUIDA – *(La musique s'arrête. Avec un ton de ragot)* En parlant de honte. Zuleica va se marier. Elle a honte de son fils. Elle va se marier et elle a déjà un enfant. On m'a dit que son prétendant était tarte. Une tarte, c'est très bon. Une personne ne peut pas être une tarte.

ÁGUIDA – Ça devient horrible tout ça! Quand est-ce que ça va finir? Il faut que ça finisse! Ou bien je vais mettre fin à tout ça là tout de suite! Vous voulez voir ? Je m'en vais. *(À moitié révoltée, elle quitte le théâtre)* Quand est-ce que je dois y aller, personne pour me le dire. Personne ne peut me le dire. C'est trop d'honneur pour un simple mortel. Laissez les gens en paix ! Laissez-les en paix ! Les gens me font beaucoup de peine ! Ils sont très beaux! *(Elle sort par la porte principale)*

Elle revient avec un rouleau de papier toilette.

ÁGUIDA – Il me faut de l'encre encore. De l'encre, s'il vous plaît. *(Vers les coulisses en parlant encore plus fort)* Demande un gâteau au fuba et un café ! *(Sur un autre ton)* C'était quoi mon nom de

femme mariée? Je ne suis plus celle-là, non. Je ne
suis plus celle que j'ai été. J'ai toujours été ça.

ÁGUIDA – Les choses vont de mieux en mieux.
Et c'est encore pire. Autant que tout aille mal d'un
coup, parce que moi, je me sens toute mal. *(Aux
oiseaux)* Je me sens toute mal, les garçons, toute
mal, et que les choses aillent de mieux en mieux,
ou de pire en pire, ça ne finit jamais. Je dis ça
parce que j'ai entendu dire que tout allait très mal
partout. Je ne sais pas par rapport à quoi. Mais ils
ont dit ça. Ils disent beaucoup de choses. Même
quand ils n'ont rien à dire. Ils sont là avec leurs
mots de réconfort, ils cherchent un coupable.
Qui est ce coupable ? Ils cherchent aussi une
issue. Issue, d'où, par où, si je ne sais même pas
comment je suis entrée. Ils disent que l'issue c'est
Dieu. Comment l'issue peut être un homme ? En
plus il n'est pas mort? Il fallait que ça tombe sur
le mari de Celestina. On prend toujours un niais
pour bouc émissaire, on ne respecte même pas les
morts. Je ne sortirai pas. Ici ça va. Je n'ai. Je le dis.
Personne ne sait. Personne ne m'écoute. Mieux
comme ça. De temps en temps je prie. Et oui je
ne suis pas de glace non plus. Je dois Avoir une
petite âme en moi. Je marche avec elle. Je marche
avec l'âme derrière moi. On dirait parfois qu'elle
m'échappe. Et il n'y a pas qu'elle. M'échappent
aussi d'autres choses. Je ne sais pas bien ce que
c'est. En principe ce sont des gaz. De l'aérophagie
disait Maman. Parfois quand elle était surexcitée
elle disait prout et basta. Maman faisait ce qu'elle
voulait. Maman était terrible. Mais ce n'est pas

grave ce qui m'arrive. Ce sont des gaz, c'est tout.
Ils sortent tous quand je passe devant la cuisine.
Rien à faire ils décident de sortir justement au
moment où je passe devant la cuisine. La Petite
fait semblant de ne pas les entendre. Elle pense
que j'ai honte. Elle doit penser que c'est humiliant
pour une vieille de ne pas AVOIR le contrôle de
ce que lui échappe par derrière. Peut-être qu'elle
ne comprend pas ce qui sort d'elle. Ça doit être
ça. Mais à chacun sa condition.

Lumière sur Águida qui est au centre du plateau.

ÁGUIDA – C'est mon anniversaire. *(Musique
triste)* Anniversaire de qui ? Ça y est je me
rappelle la date d'aujourd'hui. Ce n'est pas
exactement la date d'aujourd'hui. Je dois trouver.
Tout à l'heure ils me diront quel âge j'ai. C'est
presque un miracle s'ils ne m'ont pas encore
offert comme cadeau des collègues de mon âge
dans un asile… Ils sont là pour ça. Je n'ai pas
besoin de m'inquiéter. Ils sont toujours là à
me dire des choses. Ils ont toujours besoin de
me prouver que j'oublie les choses, que je ne
sais plus rien. Bientôt, ils me diront que je vais
mourir. Ce qui n'est pas une nouvelle. Ils ne
seront pas tranquilles tant qu'ils ne me verront
pas reposant en paix dans mon lit gracieux sous
terre. C'est comme ça ? Le cortège de la mort
est plus fascinant. C'est comme ça qu'on dit ?
Ils auront tout mon argent. Mais ils sont un peu
bêtes, ils ont déjà tout l'argent qu'ils veulent.
Je les aime. Je n'ai jamais dit que je les aimais.

Peut-être même qu'ils mourront en premier.
J'ai envie de me chier dessus. Même ça, ça ne
les chasse pas. J'ai fait pire, poser de la merde
enroulée dans une fine couche de papier toilette
sur la fenêtre de ma chambre pour que le
lendemain la maison soit imprégnée par l'odeur
exubérante de tout ce que j'ai à l'intérieur de
moi. Rien de tout ça ne les effraie. Avec le temps
ils comprendront. Ils essaient de tout faire
rentrer dans leurs cases. Si une personne pue la
merde et si cette même personne prend de la
merde entre les doigts, doigts qu'elle utilise pour
toucher les aliments et si cette même personne
mange de la merde qui n'est rien d'autre qu'une
portion de tout ce qu'on est, alors que peut-on
vouloir, que peut-on être, que peut-on manger
de vivant et de magnifique dans ce monde ?
Je crois qu'ils n'en sont pas. Tous n'ont pas.
Ils n'y sont pas. Ils ne meurent pas, ils mettent
du temps à mourir. C'est mon anniversaire.
Anniversaire de qui, si tous les jours on me
fait la fête après le bain? Ils arrivent, ils me
couvrent de baisers, ils choisissent les habits
que je dois porter, se promènent chez moi,
mangent ma bouffe, dorment dans mon lit,
prennent mon café, me font prendre un bain,
me lavent entièrement, frottent mes jambes,
mes cheveux, je ne sais pas ce qu'ils veulent avec
mes cheveux, ils ne me laissent pas pisser, ne me
laissent pas chier, ne veulent pas que je marche,
ne veulent pas que je mange trop, me donnent
des tout petits, disent mon avenir, se plaignent
de certaines choses, s'engueulent entre eux, se

détestent eux-même, ils sont impuissants, ils
sont indécents, ils sont trop jeunes, trop jeunes
et trop faibles, trop déchus, ils ne supportent
pas la déchéance, ils sont jeunes, et ils le seront
toujours tant qu'ils n'auront pas appris à attraper
la merde avec leurs mains. Ah, mes enfants, mes
enfants chieurs, mes petits gâteaux de merde
pétrifiés, collés au sol, collés au même sol où ils
écrasent leur propre merde je les emmerde, je les
emmerde tous, qu'ils viennent ou pas. Ils sont
affamés et ils seront toujours affamés. Et moi. Et
moi? Je suis la petite. Je suis très petite.

*La Petite prépare la scène pour le bain de Madame
Águida. Elle amène une grande bassine en aluminium
et la remplit d'eau. Águida éparpille toutes les
serviettes sur la scène en disant le prochain texte.*

ÁGUIDA – Si belle, cette Petite. Elle est si bonne.
Elle m'aide à me laver entre les jambes. Elle a la
main douce. J'ai remarqué une chose : les négresses
ont un gros cul. C'est la première fois que je dis
le mot fesses… FESSE… FESSE… personne
ne m'écoute personne ne m'écoute personne
ne m'écoute personne ne m'écoute personne ne
m'écoute. Tout se dilate à l'approche de la mort,
n'importe quel mot, n'importe quel nom. Je crois
que je vais mourir. Un vieux pense toujours ça.
Qu'il va mourir. Qui va mourir ? Qui peut savoir
qu'il va mourir ? La Petite va mourir. J'ai entendu
un d'entre eux dire que La Petite était… était…
BONNE! La Petite est… BONNE!! Personne
ne m'écoute personne ne m'écoute personne ne
m'écoute. *(Presque effrayée)* Peut-on vivre ? J'ai

entendu cela. Au final, peut-on vivre? C'est ça ?
C'est ça. Personne ne peut… Personne ne peut…
J'ai mangé beaucoup de fleurs. Personne ne mange.
Personne ne mange. Que deviendraient les gens s'ils
ne mangeaient pas ? Vice. Ici ils ont tous ce vice-là.
(Elle s'arrête devant la bassine) Mon mari m'a appris
beaucoup de choses. Toujours la lumière éteinte. Je
n'ai jamais vu mon mari nu. Seulement lorsqu'il est
tombé malade. J'avais beaucoup de tendresse pour
lui. J'étais si douce. Une fois, il ne m'a pas vue. Mais
moi, je me suis vue. Soudain je me suis vue devant
la glace. C'était l'image d'une femme, la poitrine
nue avec un collier de perles autour du cou. Une
femme très belle. Mon mari ne l'a pas vue.

ÁGUIDA – Où peut-on dire les choses qu'on
vit ? Quelqu'un m'écoute ? Ils vont arriver.
Ça ne va pas tarder. Quand ils arriveront, je ferai
une réunion, j'enlèverai mes dents pour qu'ils
puissent voir le trou que j'ai dans la bouche.
Ils ne vont pas aimer. Mais je l'enlèverai pour
dire ce que j'ai à dire. Ou alors je leur montre la
chose noire comme faisait maman. Maman est
sur le point d'arriver, elle aime chanter, la vieille.
Elle chantait debout, elle chantait assise.
Elle chantait trop. Elle enchantait tout le monde.
La charité faite femme, maman. Horacio est
sur le point d'arriver. Il a donné un coup sur le
crâne de Maman. Il a l'âme infernale, Horacio.
Ah, ma vie, un fleuve de tendresse, ma vie. Je
les comprends bien tous. Je suis la charité faite
femme. Un jeune homme ! Qui chaque fin
d'année chante à la télé. Il pleure tellement, ce
jeune homme. Il a dû perdre quelque chose.

Moi aussi j'ai perdu quelque chose. Ce n'est pas très difficile. On perd. *(Elle enlève ses chaussons)*

Rituel du bain. La Petite entre avec un peignoir, une serviette, une éponge. Elle enlève les habits d'Águida et elle l'assoit tendrement dans la bassine. Musique. La Petite l'assiste, l'essuie. Silence. Águida marche vers le bord de la scène et s'assoit. La Petite arrive juste après.

ÁGUIDA – Maintenant que je suis propre et soignée, j'attends qu'ils arrivent.

ÁGUIDA – Je resterai là assise en attendant la fin de l'année. Non pas que je pense qu'à la fin de l'année tout ira mieux ou qu'il y aura des surprises. En fait, j'attends la fin de l'année parce que c'est à cette époque-là que le jeune homme chante. Peut-être qu'avant ça il viendra me rendre visite. Il a déjà dit une fois qu'il viendrait. Il ressemble à mon mari. Non, il ressemble à mon fils qui est mort. Quand est-ce qu'il est mort, mon fils ? Peu importe. À la fin de l'année ils arriveront tous. Et il y aura une grande fête. L'après-midi nous nous assiérons au seuil de la maison et le soir nous assisterons au concert. Le jeune homme chantera. Roberto…

Madame Chose sourit comme si elle voyait le jeune homme chanter. Silence. La lumière s'éteint petit à petit. Noir.

Rio de Janeiro, 2001.

Coleção Palco
Sur Scène

LES DERNIERS
JOURS DE GILDA

PERSONNAGE
GILDA

Musique sur l'entrée de Gilda. Elle entre dans sa cuisine habillée avec son tablier taché de sang et un grand couteau à la main.

GILDA – On reste là comme ça chez soi, des fois, on oublie même qu'on est des gens.
On oublie tout, on oublie pays, date d'anniversaire, les fêtes nationales, même mon mal d'estomac qui m'a toujours attaquée dans ces heures d'angoisse, je l'oublie. Je dois être guérie. Mais l'angoisse, la vraie angoisse, on la sent et on n'y peut rien, rien du tout. Si je ne fais pas attention, je finirai par ne plus être humaine. Je ne me regarde même plus dans la glace pour voir qui je suis. Non pas que j'aie abandonné toute coquetterie. Ce n'est pas de ça dont je parle et c'est même pas la peine de s'étendre là-dessus. Ce que je suis et ce que je ne suis pas, peu importe, je ne sais même plus ce que je suis, que des bêtises, je trouve tout ça une grande bêtise, tout ce que je viens de dire, mais, c'est fait.
On s'est mis à dire que je suis un danger, l'incarnation de Marie Madeleine, la totale.
Je souffre. Je souffre comme Jésus a souffert. Il a souffert parce qu'il l'a voulu, il a souffert parce qu'il avait du courage, je n'en sais rien, parce qu'il a représenté la misère humaine qui, à ce que je vois a dépassé toutes les bornes. Ça c'est sûr, je ne veux pas être Jésus, encore moins la Vierge Marie. Mais je ne manque pas de courage. Je suis déterminée. Je reste là à travailler avec la mort et avec les peines et plumes pour autant. Tout à l'heure, la voiture du volailler va passer pour chercher les poules. J'en ai tué et déplumé dix en une matinée. Pas les porcs, les porcs sont compliqués, il me faut l'aide d'un homme. Il me faut la force masculine. Je mets des tampons

dans les oreilles, parce que je n'ai jamais rien
entendu de si affreux qu'un cri de porc avant de
mourir. Inácio, il m'aide lui. Inácio, maintenant,
il veut savoir mon âge. Je ne réponds pas. Il voit
bien. Il voit que je ne réponds pas. Il veut savoir
mon âge parce qu'il a remarqué sur mon visage
des petites rides, et dans mes cheveux des petits
fils tout blancs. Des cheveux blancs. Mais je ne
suis pas vieille pour autant. La vieillesse est dans
l'âme. Cacilda est en train de dire à tout le
monde que j'ai fait un pacte avec le diable, ça
doit être à cause de mon élevage de poules et de
porcs et à cause de tout ce sang qui coule chez
moi. Inácio passe tous les jours après le boulot et
il me salue avec une tape sur les fesses. Je ne sais
pas si j'aime ça. Quand il me tape ça me fait ce
quelque chose-là, une ardeur, oui, mais ça me
fait ce quelque chose-là, une sorte de révolte,
d'impudeur, une envie de le frapper aussi, et oui,
ça vient de loin tout ça. Maman aussi elle aimait
ces choses-là, les tapes, je veux dire. Mais Inácio
il n'aime pas les tapes. Oswaldo dit que je suis
une fille intelligente, que je mérite des fleurs tous
les jours, que ça ne le dérangerait pas de
dépenser tout son argent en bouquets de fleurs,
qu'il est un homme qui aime faire plaisir aux
femmes avant tout, et en premier lieu il faut
penser à la famille et construire une maison avec
Chez Gilda écrit en blanc sur la façade. Je
m'appelle Gilda. Gilda c'est moi. Mais j'ai dit à
Oswaldo qu'il n'est même pas sincère, car sinon
il m'aurait déjà donné toutes ces fleurs dont il
me parle et qu'il ne va même pas se marier avec

moi parce qu'il est déjà marié, et alors il ne va
même pas construire une maison à façade rose
avec écrit Chez Gilda. Ou peut-être qu'il veut
me donner une maison sans qu'on se marie ? Je
penserai à tout ça après pour voir ce que je dois
faire. Parce qu'il y a Inácio. Inácio c'est un beau
noir, une peau de chocolat. Non, c'est pas du
chocolat ça, non, c'est du charbon, non,
j'exagère, mais en tout cas c'est un métis comme
on en trouve plus, ça oui ! Avec ses moustaches
noires et épaisses, si beau Inácio. Orfèvre. Inácio
est orfèvre. Il arrive par la porte de derrière la
maison. Et oui, lui aussi marié. Il louche rien
que d'entendre parler de sa femme parce qu'il a
cette maladie dans les yeux, c'est quoi le nom,
strabique, Inácio est strabique. Il louche
beaucoup, les gens strabiques on dirait qu'ils
voient ce qu'on ne peut pas voir, Dieu m'en
garde. Je trouve ça beau, les gens strabiques.
Cacilda va pas tarder à crier de derrière son
muret juste pour savoir ce que je fais, elle envoie
ses enfants me demander de la farine ou bien des
carreaux pour réparer le mur de sa cuisine, juste
parce que j'ai fait des travaux dans ma cuisine et
qu'il me reste des carreaux, du coup je me sens
obligée de lui en donner, parce que sinon, en
plus de dire que j'ai fait un pacte avec le diable,
elle dira aussi que je suis radine et Cacilda fera
tout un scandale si elle sait qu'Ismael, son mari
est venu à la maison la semaine dernière, Ismael
est très laid, il a une tête qui n'a pas été conçue
ici sur cette planète, les oreilles de jument
d'Ismael, la bouche de travers d'Ismael, la sale

coupe et les poils aussi, dans les oreilles et dans le
nez, il ne se coupe pas les ongles, il ne se lave pas
le visage quand il se lève, il se brosse mal les
dents. Le jour où il est venu ici, je lui ai tout
appris, et il a tout fait comme je lui ai demandé
de faire, c'était un autre homme quand il est
rentré chez lui, avec une belle coupe, les ongles
propres, il avait presque de l'amour en plus dans
les yeux, Cacilda devrait me remercier, mais si elle
ne peut pas savoir que son mari est venu ici pour
m'aider à tuer les porcs, qu'est-ce que je peux faire
? Tout sur le visage d' Ismael est laid, même après
un coup de propre, mais le corps… le corps
d'Ismael n'est pas de ce monde, c'est lui qui a dû
faire un pacte avec le Diable et ce genre de choses-
là, non pas que je trouve que Dieu est laid parce
que c'est Le Seigneur de la Beauté, maman le
disait, mais ce que je veux dire c'est que cette
chose de trouver le corps humain beau on dit
souvent que c'est une chose du Belzébuth, et le
corps d'Ismael, c'est une perle rare à faire damner
les saints du paradis. Terrible, ce pas lent qui délie
son corps chaud et huileux. Son seul problème
c'est qu'il n'aime pas se laver, c'est pas son truc.
Mais il dit que comme ça Cacilda ne l'approche
pas, que c'est pour ça qu'il s'est laissé abrutir,
abrutir, qu'il s'est laissé faner, faner, qu'il a perdu
son amour pour la vie, tout ça à cause de Cacilda,
et de la mère de Cacilda, et la mère de Cacilda,
elle me fait une de ces peines la mère de Cacilda,
celle-là c'est sûr, elle a fait un pacte avec le démon
ou je ne sais plus quoi. Elle a des poils entre les
seins, je l'ai vu. La mère de Cacilda a des poils

entre les seins. Cette chose-là n'est pas normale. Ça fait tout bizarre dans les yeux quand on regarde, on dirait qu'elle vient d'une autre planète avec tous ces poils sur les seins, et ce n'est pas un tout petit peu, non, c'est beaucoup de poils. Il y a Alvinho, Alvinho m'a dit hier que je sens très bon et que je ne suis pas là pour me faire avoir par des salauds qui ne veulent rien savoir, lui, il me veut couchée à côté de lui comme une fleur des champs, il m'appelle ingênua, eugênia, genuina, janaina, virginia, calêndula, anêmona, amêndoa, tout ça il m'appelle, des noms si beaux que je n'arrive pas à y croire. Alvinho doit avoir quelque chose d'un poète parce qu'il dit que j'ai les yeux tristes, que j'ai quelque chose de triste, et je sais bien qu'il n'y a que les poètes pour regarder et voir la tristesse des gens, parce que les hommes normaux, ceux qui dorment toute l'après-midi et qui ne regardent pas dans les yeux des femmes parce qu'ils sont plus femme que les femmes, je n'aime pas parler comme ça de ces hommes-là, ça me fait de la tristesse dans le cœur, parce que je ne sais plus quoi faire, par exemple, avec Hiram, Hiram a ouvert une salle de sport sur cette rue-là et il me donne des sous sans que sa fiancée le sache, Hiram c'est le plus beau et aussi le plus bête de tous, mais je prends comme une grâce, sa beauté, sa bêtise et son argent parce que c'est tout ce qu'il a, qu'est-ce que je peux faire ? À chacun, sa misère. Les vieilles de la cour veulent Hiram entièrement pour elles et elles n'ont rien, les mecs n'arrêtent pas de le mater

pour le choper à un moment où il fait pas gaffe.
Je ne veux pas de mal à Hiram aucunement.
Hiram c'est presque comme une fleur sans
odeur, ça me fait de la peine les gens sans odeur,
les gens qui passent comme ça et personne ne les
sent, comme ça, mais quand Hiram vient
j'enfonce mes ongles dans sa chair, il ne
comprend pas, il dit que j'aime le sang, que
comme ça c'est pas possible, qu'on dirait une
femme meurtrière du genre à tuer l'homme
lorsqu'il est en train de dormir. Je lui ai gueulé
dessus, je lui ai dit qu'il devenait comme Cacilda
qui dit que j'ai tué mon père, justement mon
père qui m'a laissé cette maison et ces porcs et
ces poules, pauvre de moi, si ce n'étaient pas les
œufs que je vends et aussi la mort des porcs et
des poules. C'est Inácio qui m'aide. Il tient les
porcs et j'enfonce le couteau. Oswaldo, il m'aide
et Ismael lui aussi. Je ne leur donne aucun
argent, je leur donne des bisous sur la poitrine,
Alvinho n'aime pas voir du sang, lui, je le
protège jusque dans la mort, jamais je ne veux
blesser les sentiments d'Alvinho. Et Hiram
parfois me porte avec sa voiture pour que j'aille
vendre la viande de porc et de poulet au marché,
sans compter le volailler qui achète mes poules
mortes ou vivantes. Alvinho dit que je ne sens
pas la poule même si je passe ma vie à les
déplumer, les pauvres. Tous ces hommes-là
adorent manger. Et ils adorent ma bouffe.
Et mon odeur. Et l'odeur de ma bouffe. Inácio
dit que chez moi il y a un air de famille même si
je vis seule, chez moi il y a un air de famille

parce qu'ici les fourneaux fument. Ces hommes-là, ils ont tous une grande attirance pour le fumet des casseroles et pour les femmes qui font fumer les fourneaux. Alvinho c'est le seul qui ne mange pas beaucoup, c'est pour ça que je l'aime plus que les autres, maigre comme une tige de bananier. Blanc comme l'intérieur des jambos et les yeux de jabuticaba, comme des olives noires. Oswaldo a dit que je ne parle que de bouffe que tout ce que je dis est en rapport avec la bouffe. J'ai failli avoir peur, une peur de grossir. Inácio dit que ce qu'il y a de plus beau en moi c'est que je suis une reine, comme une reine qui s'occupe bien de ses sujets et de ses enfants. Il doit penser qu'il est mon fils, je ne sais pas ce qui se passe dans la tête de ces hommes sans vie intérieure, sans certitudes et sans amour dans le cœur, ces hommes seuls qui cherchent une femme pour mettre fin à leur solitude, pour la mettre à la place de leur mère, mais la solitude d'une femme, ça, ça ne les intéresse pas, ils veulent tout, sauf notre solitude. Mais Alvinho lui, il me veut tout le temps muette, les yeux fermés pour qu'il m'embrasse de l'orteil petit à petit jusqu'aux cheveux. Je reste immobile, c'est ce que j'ai à lui donner. Pour chacun j'ai une chose à donner. À la fin, tout est pareil.

GILDA – Ce qui se passe c'est que je ne peux pas sortir dans la rue. Mes voisines sont toutes là dans la cour à m'attendre les manches retroussées. Heureusement que j'ai envoyé Toninho passer quelques jours avec sa mamie. Autrement il verrait sa mère maltraitée, estropiée. Je suis la seule à savoir combien je suis seule. Ces femmes cagneuses, à l'appétit bestial, castrées jusque dans l'âme. J'élève des porcs et elles élèvent leurs hommes comme s'ils étaient des porcs. Moi je ne devrais pas être là dans cet endroit, au milieu de ces gens ingrats et sans avenir, moi je devrais être artiste de cinéma, porter des longues robes rouges et un fume-cigarette d'ambre à la main. Mais là, je sens la même chose que j'ai sentie quand j'ai entendu à la radio que les États-Unis avaient envahi l'Irak, qu'il allait y avoir des morts sanglantes, que tout le monde allait mourir, et moi j'ai l'impression que je vais mourir dans cette guerre ici dans ma cour, au milieu de mes poules et de mes porcs qui ne font rien pour moi, ni pour eux-mêmes, si ce n'est qu'ils crèvent pour que je gagne des sous. Ces femmes-là, elles pensent que c'est une chose du Diable d'avoir du sang de poule qui coule jour après jour, je dois être quelqu'un qui sait satisfaire les hommes par le sang et par la mort, puisque ces films américains ne savent plus satisfaire les vrais barbares, alors tout est en train de devenir réalité, et chacun est en train de devenir la victime de son propre soi, et moi ça m'exaspère cette réalité de barbares, parce que j'aime tellement l'amour et les bisous sur la main. Je suis douce et jalouse. Mais en ce moment j'ai peur, j'ai peur du vent, j'ai peur de la tempête, mon âme craint l'ombre d'un avion, le bruit d'un court-circuit dans l'électroménager. Toute la cour a peur parce que les voitures de la police n'arrêtent pas de tourner autour de la colline. Moi, c'est Wallace qui m'inquiète.

Et oui, Wallace. Wallace, c'est le policier qui ne bouge pas du coin de la rue. Je ne sais pas ce qui se passe dans la tête de quelqu'un pour vouloir être policier. Wallace vient ici, ou plutôt, il va en face rendre visite à Jandira. Jandira depuis qu'elle a reçu l'héritage de son père, elle a mis son mari à la porte et elle est restée toute seule avec une vie indépendante, genre classe, elle ne parle pas, pas à n'importe qui, ne regarde pas, pas un seul homme, à part Wallace qui va tous les jours avec son uniforme chez elle. Il vient ici aussi. Je lui ai plu. Il a dit que je suis une fleur bonne à sentir. La Jandira, il la sent aussi, mais moi je ne suis que parfum, il n'y a pas une seule femme ici qui ait mon odeur à moi. Je l'ai laissé me sentir, je ne pouvais rien faire. Et maintenant il va chez Jandira et il vient chez moi aussi. Jandira, c'est quelqu'un que j'admire beaucoup, une femme fibreuse la Jandira, pas comme ces vipères à mari qui croient qu'avoir une famille formée et instituée c'est synonyme de bonheur et sécurité, s'il y a une autre guerre qui explose, c'est le monde qui explose et la famille qui vole, le mari qui vole, tout qui vole. Elles croient toutes que je suis du genre à voler leurs mecs. Et bien, elles ont tout faux. Je ne veux pas d'homme couché sur le canapé qui se gratte les couilles et qui ronfle dans mon oreille toute l'après-midi. Il n'y a rien qui va. La vie est trop atroce, sans intérêt, trop de misère, trop de médiocrité, moi aussi je suis médiocre, je sais, qui ne l'est pas, mais je n'ai pas l'âme médiocre, je fais ce que je veux, mais aussi ce que je veux pas. Par exemple, il y a des jours où je mange trop, il y a des jours où je ne mange rien. Il y a des jours où Inácio passe son après-midi à manger avec moi, il y a des jours où c'est Ismael. Alvinho, il n'accepte rien. Mais ce n'est pas par politesse, non. C'est sa façon d'être de ne pas accepter. Wallace lui, c'est un bouffeur de nature, il accepte tout, y compris ce qu'il ne doit pas accepter. L'autre jour, je lui ai fait une nouvelle recette, viande rôtie à l'ananas. Mes porcs, je ne les mange pas. Hors de question, la viande chez moi, c'est de la viande de bœuf ou de poulet. Mes poules, je les mange, parce qu'elles ne me font pas de peine. Drôles de bêtes les poules, on dirait que ça ne pense pas, que ça vit dans un délire, c'est pour ça que j'en mange un maximum quand je peux, une poule ça a été fait pour être mangé, c'est comme ça, comme des victimes de l'humanité.

Bruit des poules qui se précipitent, des porcs qui grognent qui ronflent et plus encore. À chaque fois que les animaux font du bruit, Gilda gueule contre ses voisines.

GILDA – C'est quoi là ?! Vous voulez quoi de moi, si même moi je ne sais pas ce que je veux de moi, tant mieux tant mieux, tant mieux que je sois vivante !!! Vivantissime !!! Je suis la seule à savoir combien je suis vivante ! C'est quoi, Cacilda ?! Tu t'exaspères pour rien. Prends ton mari et coupe-le en deux comme ça, regarde, comme Salomon a menacé de faire avec l'enfant, puisque tu penses que tu es sa patronne. Cacilda, c'est du genre à cacher son argent, Ismael me l'a dit. C'est ce genre de femme qui vole beaucoup d'argent au mari et qui le garde pour faire je ne sais quoi. Cacilda, ça la dégoûte, ça l'écœure, par exemple, ces gens-là campés sur le tas d'ordures d'à côté au milieu des vautours à ramasser ce qu'ils peuvent ramasser. Moi, je voudrais donner une poule et un porc à chacun, mais je ne suis pas Jésus-Christ et je ne vais pas mettre fin à la misère des gens. Mon père disait que la misère est un problème du gouvernement, mais pas que du gouvernement, ah non. La misère, c'est vieux comme le monde, j'en sais quelque chose moi. On naît dans le devoir et dans le pêché, même si on a beaucoup à manger. Et moi qui me culpabilise dès que je vois ces garçons tout maigres descendre la colline, affamés, le ventre gonflé par les vers, ces enfants laids presque morts, des petites créatures à qui les familles imposent d'exister et qui cherchent à décrocher leur diplôme d'être humain. J'ai plutôt intérêt à continuer mon combat toute seule qu'être là à dire ce qu'on ne doit pas dire. Je suis si amère, si révoltée. Mal aimée, ça je ne le suis pas, ah non, je ne suis pas en manque d'homme, on me traite de pute, de peste, de vache, mais j'ai le cœur ouvert à tous ceux qui veulent l'embrasser. Parfois je me dis que je ne suis pas de cette planète, je voulais ranger mes petites affaires et partir définitivement vers les terres de ma maman au beau milieu de la brousse.

Maintenant avec cette histoire de guerre tout le temps, guerre entre les voisins, guerre dans la cour, guerre qui s'arrête, guerre qui commence, je ne sais même pas où aller. Je parle en vérité de cette guerre-là, dans ma cour, dans ma ville.

(Aux voisines) Et ces cagneuses qui pensent qu'elles me font peur, que c'est pour ça que je ne sors pas de chez moi, ce sont elles en fait qui crèvent d'envie de voir le sang couler et qui veulent me rendre coupable de leurs angoisses. Mais pour moi, elles ne représentent rien du tout, parce que je ne sortirai d'ici que quand j'aurai une solution pour finir avec la misère et la souffrance dans le monde, oh là, bientôt à force de parler comme ça je serai crucifiée comme Jésus, on dit que je suis folle, détraquée, déséquilibrée, mais me voilà à attendre.

À attendre chaque jour une nouvelle de paix, de repos, j'ai tellement de mots dans ma tête que je m'énerve, si je devais écrire un livre, je serais un auteur de mauvaise humeur. Mais ce qui me rend heureuse pour de vrai, c'est faire à manger aux autres, mon fils mange très bien. Voir son fils bien manger sans se plaindre, c'est le rêve de toute mère, non ?! Toninho quand il était petit, il avait la nausée dès qu'il mettait quelque chose dans la bouche, je ne savais pas ce qu'il sentait. Je disais : tu manges trop de cochonneries, on te donne trop de cochonneries partout où tu vas, je ne sais pas ce que tu vas devenir comme ça, et il vomissait tout son déjeuner. Mais moi je recommençais tout à nouveau. Quand il était plus petit encore, alors là, je courais derrière lui l'assiette et la cuillère à la main, s'il entrait dans la salle de bain, j'allais derrière lui et je lui donnais à manger dans la salle de bain même et lui, il mangeait, Toninho n'a jamais sauté un repas. J'ai appris ça de ma mère qui donnait de la valeur à l'estomac et à la tête des gens. Les gamins, les enfants des bonnes femmes de la cour mangent mal et pensent mal. Quand ils viennent me rendre visite, je trouve toujours un moyen de leur donner un bout de quelque chose, une pomme ou une banane, du pâté sur du pain. Le pâté, c'est moi qui le prépare. Pâté de foie de porc. J'enlève toute la graisse, ça m'attire pas du tout la graisse. Inácio, lui il préfère la graisse de la viande sans la viande. Alvinho aime le steak grillé avec quelques feuilles de mâche. Ismael, Cacilda ne le sait même pas, une conne la Cacilda, Ismael aime la viande de bœuf hachée à la braise. Il dit que Cacilda ne lui a jamais préparé du bœuf haché à la braise. Ça m'épate, ce que bouffe un homme. Au début, j'étais là ahurie, après je me suis habituée. En fait ça m'attire un homme qui mange beaucoup. Ils viennent ici, ils m'aident avec les porcs et les poules et je leur donne à manger. Et eux, ils mangent. *(Elle gueule contre Cacilda. Bruit de poule, de chien et les porcs qui ronflent)* C'est quoi, hein, Cacilda?! Tu vas pourrir sous terre dévorée par des vers, tu ne savais pas ça, toi, hein? Oh là la, tu me fais de la peine, Cacilda ! Tu ne me parles pas comme ça, tu ne me parles pas comme ça, ne me parle pas comme ça tu vas t'arrêter tout de suite, tu ne me parles pas comme ça tu me laisses en paix…

Gilda ne s'arrête pas de parler. La musique et les bruits d'animaux couvrent le texte. Descente lumière jusqu'au noir.

La lumière s'allume. Gilda prépare un plat pour Ismael.

GILDA – *(En lisant son livre de recettes)* Filet mignon sauce madère et champignons: 750 grammes de filet mignon en un seul morceau – *la partie la plus épaisse. (Pour elle-même et au public)* Si Cacilda apprend que je prépare du filet mignon à son mari, elle m'écartèle, c'est sûr. *(En lisant)* Deux gousses d'ail; deux cuillères de soupe de vin madère, sel et poivre à volonté. Deux cuillères de soupe de beurre et un gros oignon coupé en rondelles. *(Sur un autre ton)* Je hais les oignons. Je ne sais jamais si je pleure à cause de l'oignon ou à cause d'autre chose. *(Musique de fond qui descend avec la lumière)*

La lumière s'éteint lentement pendant que Gilda suit sa recette.

La lumière s'allume avec la musique de fond. Gilda prépare un plat pour Inácio.

GILDA – Ragoût à la baiana: Une kilograma de fuba, une queue de bœuf entière couper la queue du bœuf au niveau des ligaments entre les petits os, une kilograma d'andouille c'est l'estomac du bœuf ou ce sont les intestins ? Ou le poumon ? Bah ça alors… Peu importe. Une cœur de bœuf entier – c'est presque beau de manger un cœur entier… Bon, laver tous ces abats, les laisser mariner dans du vin, avec de l'ail et du sel. Laisser reposer une nuit. Un demi-verre d'huile de dendê. Du poivre à volonté. Et Inácio sera sur le cul… ! *(Éclat de rire)*

GILDA – *(Au public)* Inácio, on dirait un ours quand il mange. Il aime les choses intérieures, les choses de l'intérieur qu'on ne peut pas voir, les abats. Inácio est très fort…J'en mettrai un peu de côté pour Oswaldo. Lui aussi, il adore ça… Oswaldo lui, il est fragile de l'estomac, le poivre ça va le fracasser… le seul endroit où Oswaldo a du volume, c'est le bide… un gros bidon.

La lumière s'éteint lentement avec la musique de fond pendant que Gilda suit la recette.

La lumière se rallume avec la musique de fond et on retrouve Gilda devant une grande assiette de salade très bien composée. Elle est triste et solitaire.

GILDA – *(Au public)* Alvinho n'est pas venu. Toute la salade est à jeter…

La lumière s'éteint avec la musique de fond Gilda continue à regarder l'assiette remplie.

La lumière s'allume avec le fond sonore. Gilda prépare une omelette.

GILDA – Il n'y a rien à manger aujourd'hui.
Que de l'omelette. Et de la soupe, le soir. Qui
n'en veut pas ne mangera pas chez moi.

La lumière s'éteint lentement avec la musique de
fond. Gilda continue à faire son omelette.

La lumière s'allume. Gilda est altérée, elle regarde le
public appuyée fermement contre la table.

GILDA – Que dalle ! Que dalle ! Que dalle ! Je
donnerai que dalle à Cacilda, pas un seul bout de
viande. Ismael est venu me dire qu'il n'y a rien
à manger chez lui. Je donnerai que dalle à cause
de Cacilda. Je deviens mau-vai-se. Je me vends à
la fin si je commence à avoir de la peine pour le
monde entier. Même le monde, ça me fait de la
peine, même que je donnerais la moitié de mon
poulailler, mais pas de pitié pour Cacilda, jamais,
je veux qu'elle crève, fille de pute, acariâtre,
effarouchée on se demande pourquoi, elle dit
qu'elle est ma victime, que je suis une femme
de tête et que les mecs, ça me plaît de leur
façonner l'estomac, elle a envoyé quelqu'un pour
cambrioler ma maison, on m'a piqué tous les
carreaux blancs et bleus qui m'étaient restés des
travaux dans ma cuisine, c'est ma beauté qu'on
est venu piquer dans mes propres entrailles ,
au sein de ma propre maison, mon seul refuge,
là où je peux mourir reine sans rien devoir à
personne, tout va de pire en pire et je ne sais pas
ce que je vais devenir avec toute la haine que j'ai
dans mon cœur pour cette fille de pute, même

mes poules ne sont pas aussi dévergondées,
aussi salopes, aussi salaces, elle m'a fait un geste
obscène de sa terrasse le soir de Noël, j'étais là, je
dansais avec mon fils dans le salon, dans la joie
de vivre, et elle là enquiquinant Ismael tellement
qu'il est parti se coucher et n'a même pas fêté la
naissance de Jésus avec elle, ni rien du tout. Si
je le pouvais, je recréerais l'univers, je recréerais
les gens et je dirais à chacun en face avant
qu'ils rentrent dans les ventres de leurs mères :
écoute, soit t'es fou et complètement immoral,
soit tu vas crever sur ta croix tellement t'as
été condescendant et charitable. Des charités,
j'en ai fait, beaucoup, maintenant je n'en fais
plus. Je n'en fais pas. Je garde mes porcs et je
fais payer une fortune à ceux qui en veulent.
L'argent, si on sait s'en servir, ça pousse sur la
terre presque, aïe, que Dieu m'en garde, je ne
suis pas radine comme je peux le paraître, mais
j'ai très peur de me réveiller un jour et voir le
ciel en bas et la terre en haut, les chiens qui
tombent, qui tourbillonnent dans l'air, sans
savoir où ils vont finir, une de ces confusions,
et les hommes, oh là la là la tous les hommes et
les femmes aussi, tout le monde, tout le monde
terrorisé par la peur de la mort, tout le monde
qui oublie tout, qui oublie maison, argent,
voiture, bouffe, la corruption et l'intransigeance
des gouvernements, tout le monde pareil vers le
même trou de l'abandon et de la croix. Comme
si je demandais à quelqu'un comme Cacilda
où elle croit être. Qui elle pense être. Et elle ne
saura pas me le dire, ne saura pas ce qu'elle veut,

sauf si elle dit qu'elle veut de l'argent, beaucoup
d'argent et des aventures avec du sang qui coule
à la télé et dans la pensée. *(Bruit de chien, de
poule, voix de femmes à l'extérieur de la maison
de Gilda)* Ici dans la cour, toutes les femmes me
haïssent, c'est de l'envie, de l'envie !!! Parce que
je ne fais pas partie de leur bande, on a pissé
sur mon portail, on a ratiboisé les mangues de
mon potager, on a jeté des œufs pourris sur ma
fenêtre, après j'ai découvert que c'étaient les
œufs pondus par mes poules à moi, elles ont
piqué mes œufs à moi, qu'elles aillent se faire
foutre, elles veulent m'humilier, me faire peur,
je ne peux pas sortir dans la rue, on déglingue
mon portail, on casse les vitres de ma fenêtre,
on salit mes murs, on crie mon nom comme si
c'était un gros mot, elles chient sur la morale,
elles gerbent leur propre misère, pauvres et
fières, elles ne savent ni lire ni écrire, c'est la
faute à qui, elles fêtent Noël, anniversaire de
vie et de mort, elles ne connaissent rien, sont
là, avec les mouches qui tournent au dessus de
leurs têtes, elles ne se lavent pas, je suis belle,
jeune et ravagée par tant de misère humaine, et
je dis que s'il y a quelqu'un qui n'a jamais péché
qu'il jette la première pierre, non, non, je dis,
non, on me jette déjà tous les diables de l'enfer,
tas de réactionnaires, laissez-moi en paix, mon
Diiiiiiiiiiiiieeeeeeeeeeeeeeuuuu !!!

*Bruit de chien, de poule, voix de femmes de plus
en plus fort. Gilda continue à parler même avec le
bruit qui couvre sa voix. La lumière baisse jusqu'au
noir en même temps que les bruits.*

*Lumière. Gilda enlève son tablier plein de sang,
elle porte une belle robe rouge. Gilda se prépare: elle
met des boucles d'oreilles rouges aussi, allume une
cigarette. Elle branche la radio et écoute une belle
musique. Elle fume sa cigarette pendant un moment.
Elle se sent complètement seule. Bruit de verres qui se
cassent chez Cacilda. Cris de Cacilda contre Ismael.
Gilda regarde par l'avant-scène. Elle s'inquiète,
allume une autre cigarette, la fume désespérément,
remet le tablier plein de sang et prend son couteau
avec la poigne de meurtrière. Elle enfonce le couteau
dans la table en bois. Avec la cigarette dans la
bouche, elle commence à préparer une pâte à gâteau.
Les cris augmentent chez Cacilda. Gilda s'énerve
et met la musique plus fort. Elle prend quelques
œufs et les mets dans une bassine en les cassant
directement dans la bassine, met de la farine et salit
toute la table, elle mélange le tout avec une cuillère
en bois, fume, rajoute du lait, mélange, elle s'énerve
profondément et elle est aussi très triste. Elle plonge
son visage dans la pâte à gâteau. Elle pleure. Elle
allume une autre cigarette avec le visage tout sale.
Elle met des cendres de cigarette dans la bacine. Elle
éteint su cigarette dans la pâte à gâteau. Elle pleure
encore. Elle fume. La musique augmente.
La musique s'arrête progressivement.*

GILDA – On reste là comme ça chez soi, des
fois, on oublie même qu'on est des gens.
On oublie tout, on oublie pays, date
d'anniversaire, les fêtes nationales,même mon
mal d'estomac qui m'a toujours attaquée dans
ces heures d'angoisse, je l'oublie. Je dois être

guérie. Mais l'angoisse, la vraie angoisse, on la
sent et on n'y peut rien, rien du tout. Si je ne fais
pas attention, je finirai par ne plus être humaine.
Je ne me regarde même plus dans la glace pour
voir qui je suis. Non pas que j'aie abandonné
toute coquetterie. C'est d'autre chose que je
suis en train de parler et ce n'est pas la peine de
s'étendre là-dessus. Ce que je suis et ce que je ne
suis pas, peu importe, je ne sais même plus ce
que je suis, que des bêtises, je trouve tout ça une
grande bêtise, tout ce que je viens de dire, mais
c'est fait. La bêtise humaine, ça m'épate. J'ai
presque envie d'applaudir à toute cette bêtise.
Mais si l'homme ne vit pas de toute cette bêtise,
de quoi va-t-il vivre ? Zila est une nouvelle
voisine. Elle est à peine arrivée dans notre cour,
et ça y est elle a compris où elle est tombée.
Elle s'est enfermée chez elle et ne met les pieds
dehors que pour faire ses courses. Elle ne s'est
pas mariée, elle ne peut pas avoir d'enfants, elle
habite avec son père, des gens classe, ça se voit
les gens qui ont de la classe. Moi qui me suis
pas mariée non plus et qui ne me marierai pas,
il n'y a que ces saloperies d'hommes mariés qui
me tombent dessus, que des malmenés, ils prient
tous pour s'endormir avant que leurs femmes
n'arrivent au lit. Maintenant les gamins ont cette
manie de me regarder nue par le toit, ils disent
des pornographies, ils pissent sur ma tête quand
je prends ma douche, que des gamins qui ne
savent même pas jouir. Il y en a un qui dit qu'il
m'aime, on dirait un truc de film, j'ai envie de
l'émanciper, alors là sûr on m'égorge. Je crois

que je ne vaux rien. J'aurais aimé être né homme, ça oui, pour dire que tout ce que je raconte est absurde, mais une femme, c'est trop mesquin comme bête et j'ai pas de pitié, même pas de moi, mais les hommes, ça me fait pitié, parce que même s'ils ont ce truc dur entre les jambes, tout est très mou à l'intérieur. De nos jours, c'est rare de voir un homme solide. Le monde est fou pour tout le monde. Et moi je veux rester toujours vivante pour voir la folie du monde. Je suis de plus en plus seule. J'ai dit à Inácio que je l'aime *(Pause)* Je l'ai dit à Ismael aussi. *(Pause)* Et à Oswaldo. *(Pause)* et à Wallace aussi je lui ai dit je t'aime. *(Pause)* Rien a changé. *(Pause)* Alvinho plus jamais il n'est revenu. Je pense même qu'il n'a pas supporté de vivre. C'est très triste de penser comme ça. Mais Alvinho est tellement fragile. Maman m'a toujours dit d'aimer un homme qui sait regarder, ces hommes qui ne parlent presque pas mais qui regardent tout et qui pensent à tout. Ces hommes-là portent dans leurs yeux quelque chose que je ne saurais pas décrire. C'est ce mystère-là que j'aime. Alvinho, il a ça. Hiram, c'est le seul qui dit qu'il m'aime. Mais je ne le crois pas. C'est comme ça la vie. Ceux qui nous aiment on n'en veut pas, et on aime ceux qui ne nous veulent pas. Pourquoi, mon Dieu?! Ils ont tous dit que je mentais. Que je n'aimais personne. Je n'ai que l'amour d'Hiram, qui lui est fiancé, avant il me donnait de l'argent, maintenant même pas ça. J'ai aussi l'amour de tous ces gamins-là. Un truc de dingue…

*Bruit des sirènes de police, mitraillettes, voix et cris
de femmes. Lumière rouge des sirènes sur le visage
de Gilda.*

GILDA – C'est quoi qui se passe ? ça c'est du
Cacilda dans l'air, je le sens !!! *(Les mitraillettes
s'arrêtent. Gilda crie effrayée)* Wallace, c'est toi qui
fais ça ?! Wallace ??!!

*Les bruits et les voix cessent. Gilda guette avec le
couteau à la main. On entend alors la voix de
Cacilda. Une sorte de « grommelo » fin et étrange. Le
public ne comprend pas ce que dit Cacilda. Cacilda
dit quelque chose et le chœur des voix de femmes
l'acclame avec des cris et des applaudissements.*

GILDA – C'est quoi, hein, Cacilda ? Oh là la,
tu me fais une de ces peines, Cacilda!!! Tu n'y
renonces pas !! Quoi ?! Ton mari n'a pas mis les
pieds ici depuis des siècles, Cacilda !!! *(Cacilda parle
à nouveau. Les femmes l'acclament)* Qui Ismael ?! Ici
?! Non, tu te trompes, Cacilda, ici il n'y est pas, ça
je peux te le garantir ! *(Cacilda parle encore. Et les
femmes l'acclament)* Comment ?! Hiram ?! Hiram
lui encore moins. Il n'est pas là! *(Des brefs mots de
Cacilda)* Non ! Ni Oswaldo, ni Inácio, ni Wallace
! Il n'y a personne ici, Cacilda ! Laisse-moi en paix,
Cacilda, laisse-moi, progéniture de limace, fille de
rien! J'arrive tout de suite…

*Le bruit des poules, des porcs et des chiens qui
aboient augmente. Changement de lumière. Gilda
insulte ses voisines comme si elles étaient devant*

elle. À nouveau le bruit des sirènes de police. La
lumière des sirènes clignote sur le visage de Gilda.
Des coulisses, on envoie beaucoup de tomates et
d'autres objets bizarres qui sont jetées sur Gilda.
Cris d'acclamation des femmes. Elle arrive sur
l'avant-scène complètement défigurée et sale,
beaucoup plus sale qu'au début de la pièce.

GILDA – Les porcs, ça m'a toujours fait de
la peine. J'ai déjà passé toute une nuit à les
regarder tous ensemble dans la porcherie. Tous
nus, les yeux et les oreilles baissés, les porcs ne
regardent pas le ciel, j'ai lu ça quelque part. Ils
sont taciturnes dans l'âme, comme ces gens
qui fouillent dans la décharge d'à côté. En tout
cas ces gens misérables, ils ont quand même
de la joie dans le cœur et de la clarté d'esprit.
Tandis que les femmes de ma cour, elles sont
complètement bancales, elles ont peur, et elles
ont honte de leurs propres seins. Cacilda, quand
elle était ma copine et qu'elle fréquentait ma
maison, elle disait qu'elle avait honte de regarder
ses propres seins nus. Elle disait aussi qu'elle
trouvait mon tas de porcs emmêlés indécent,
qu'on dirait un tas de mecs à poil en pénitence.
Elle a de l'imagination, la Cacilda !… Cacilda a
toujours été dégoûtée par son propre mari, elle
disait qu'elle ne pouvait pas supporter l'odeur de
l'aine d'un mec. Une fois, elle m'a dit effrayée
en me regardant dans le fond des yeux : toi, si
tu as envie de tuer quelqu'un, tu sais comment
le faire. Tu t'entraînes avec tes porcs. Je n'ai pas
dit un mot et je suis partie. Cacilda passait sa

vie à se gratter l'aine, elle trouvait ça humiliant
de se gratter l'aine. Et elle n'est pas allée voir le
médecin. Elle disait que ça ne se faisait pas chez
les bons chrétiens, que chez les bons croyants
on ne se gratte pas l'aine. C'est vrai que si ce
n'était pas mon amour pour Dieu, je n'irais plus
à l'Église. Avec les tonnes de sang et de morts
qui tachent l'histoire du Créateur, je devais être
une nécrophile, ou pratiquer l'homicide. Pas le
suicide. J'ai horreur des gens qui se tuent. Et je
commence à avoir horreur de toute nouvelle de
guerre que j'entends à la télé et à la radio. Tous
ces leaders, sans discernement et sans austérité,
incapables de savoir ce qui se passe dans chaque
foyer de chaque village paumé. Personne ne sait
qui je suis. On pense que je ne vaux rien du
tout. On me prend pour la grande coupable de
tous les pêchés du monde. C'est pourquoi j'aime
le sexe et la bouffe. Il n'y a rien de plus beau
que de voir les gens manger jusqu'à ce qu'ils
en peuvent plus et s'endormir après. J'attends
le jour où je pourrai sortir et aller partout en
offrant une assiette de bouffe à chaque personne,
même si je sais que je ne pourrai pas en finir avec
la famine, et avec la tristesse et avec la solitude
humaine. Une fois que j'aurais donné de la
bouffe et du lait à tous ces gamins désespérés
devant leur avenir, je rentre et je m'enferme chez
moi et je meurs avec toute cette bouffe. Je meurs
en faisant les meilleurs plats du monde. Poisson
pané avec de la salade, toute sorte de soupe :
soupe de petits pois, soupe d'oignon, soupe
d'igname, soupe de pomme de terre, soupe de

pain. Des choux, j'adore les choux, cinq cent
tonnes de choux pour manger avec des haricots
noirs, que de la bouffe bien lourde pour dilater
l'estomac et me faire mourir d'indigestion et de
tristesse, manger une casserole de pâtes pendant
que je me fais les ongles (ça s'est passé avec deux
sœurs très grosses qui habitaient ici dans la cour,
Maria et Marli) manger des haricots noirs dans
un verre avec des petits bouts de pain à côté,
faire brouiller huit œufs et tout manger avec de
la viande rôtie, des beignets de cacahuètes, des
fricassés de tripes, du ragoût au lait de coco, des
crevettes à faire crever toutes ces femmes qui
pensent que les crevettes c'est pour les riches,
c'est vrai que c'est cher les crevettes, bouffer
un tube entier de lait concentré sucré, j'adore
le poisson: le cabillaud, le lieu noir, la truite, la
raie, l'anchois, le thon, la morue, le saumon, la
daurade, les sardines j'aime ça, la lotte, l'anguille,
je sais la nettoyer comme il faut, si on ne fait pas
attention avec le fiel qu'elle a, on crève à cause
de son venin. J'ai horreur du crabe, à cause de
la façon qu'on a de le pêcher, pour attirer les
crabes on met des tripes puantes dans le filet, je
ne supporte pas ce truc-là. Les crabes n'aiment
que les cadavres, quelqu'un tombe à la mer trois
jours plus tard le corps est couvert de crabes, il
a des crabes même dans les yeux. C'est affreux
tout ça. La bouffe et la mort ça marche toujours
ensemble. Quand mon père est mort, ma mère a
mis dans son cercueil un plat de lasagnes, c'était
son plat préféré.

GILDA – J'ai donné le sein à Juninho. Il est entré par le toit de la maison quand je prenais ma douche. Il a embrassé mon ventre. J'étais sidérée de voir sa chose déjà formée. Dès qu'il est entré dans la salle de bain, sa chose était déjà dure. Quand j'étais gamine, je ne m'imaginais homme que pour pouvoir remplir des trous. Juninho m'a serré le ventre et il a embrassé ma poitrine. Puis il est parti en montrant toutes ses dents de joie. J'ai beaucoup pleuré toute seule. Je voulais prendre tous ces gamins et les élever dans la joie, sans prise de tête et sans la logorrhée des parents frustrés. Je voudrais élever les hommes de cette nation et enlever la tête de dessous de la tête de dessus. Ces femmes-là, ce qu'elles ne savent pas c'est que j'ai beaucoup d'amour en moi. Cacilda, maintenant elle veut me tuer. C'est Wallace qui l'empêche. Il s'est arrêté avec la voiture de la police à l'entrée de la cour et il ne laisse rien arriver. Même les courses, il me les fait . La colline est en guerre. Cacilda a une peur bleue des balles perdues. Maintenant elle veut se racheter tellement elle a peur de la mort. Toujours est-il qu'elle ne me laisse pas en paix. Elle a jeté de la merde de cheval sur ma porte. Les autres femmes m'ont jeté les couches sales de leurs enfants. Elles pensent que la merde peut m'humilier. C'est la merde à Dieu. Moi aussi je suis à Dieu. Elles me jettent de la merde, c'est sur le visage de Dieu qu'elles la jettent, la merde. J'ai lu la Bible l'autre jour, ça m'a mise en rage. La faute du péché originel est retombée sur Eve parce qu'elle a convaincu Adam de manger le fruit défendu. Que des âneries, que des bêtises, ah mon Dieu… Et ça , c'est rien, et le chaos de cette ville, ce désordre, les armes à feu qui visent nos fenêtres, les sirènes de la police rougissant les visages de ceux qui sont vivants, j'ai horreur horreur de tout cela ! Mes porcs sont de plus en plus agités. On dit que les esprits prennent possession des porcs et qu'ils se mettent à gueuler comme des malades. C'est dans la Bible, ça aussi. Je voulais apprendre à dire tout ce qui n'est PAS dans la Bible. Inventer des choses nouvelles. J'en ai marre de ces exemples bibliques. Aïe, aïe. Toute la ville est en guerre. Le monde aussi. La bataille continue. Tout le monde dans un camp de concentration. Personne n'en sort, personne n'y entre. Wallace est mort. Jandira a vu des garçons mitraillettes à la main partir en courant, en rigolant. Wallace est mort par terre regardant la porte de chez moi. Jusqu'au bout il m'a défendue. On ne l'a même pas traité en héros, il n'est même pas venu à cheval le drapeau à la main. Moi j'ai levé mon drapeau. Ce sont ces mêmes gamins qui ont envahi la salle de sport de Hiram. Ils ont tout volé. Inácio a disparu. Oswaldo, son désir s'est apaisé. Il est retourné chez sa femme, chez lui, parce qu'il lui avait promis comme il m'a promis à moi de refaire sa peinture, il m'avait promis de refaire la peinture de ma maison… c'est ça oui. Cacilda, elle ne me fait pas pitié, ah non, elle est sans mari, parce qu'Ismael est parti et ne reviendra pas avant l'explosion finale. Et maintenant, elle est là toute seule, elle a peur.

À chacun la fin qu'il mérite avant qu'on arrive
à la fin, histoire de mettre un point final à tout
ça. Je ne veux même pas savoir ce qui est arrivé à
Ismael. Et Alvinho… Alvinho, ça fait longtemps
qu'il n'est pas passé… Alvinho était un petit
garçon. Un vrai garçon. Mais on aurait dit un
homme. Il portait un blouson noir, fumait
des cigarettes sans vouloir faire du charme,
c'est ça oui. Il sentait la cigarette, Alvinho.
Maaaaiigre… il n'avait pas un seul poil sur les
jambes. Et ni ailleurs… et ses yeux. Les yeux
d'Alvinho méritaient le monde. Ses cernes à lui.
Les gamins de la cour l'aimaient bien au début,
mais dès qu'ils ont compris que c'était lui que
j'aimais le plus, ils l'ont pris en grippe. Alvinho
partait avant le lever du jour. Pendant l'hiver,
ça me faisait de la peine. Je le voyais à travers
ma fenêtre, l'air chaud qui sortait de sa bouche
dans l'air froid du matin. Je n'ai jamais su où il
habitait. Je l'ai connu dans le supermarché. Il
s'est arrêté et il s'est mis à regarder ma cheville.
Je n'ai pas très bien compris, mais ensuite ce qui
est arrivé c'est que je me suis sentie nue avec les
chevilles à l'air. Il fixait du regard ma cheville
nue. Et là-haut, mon cœur qui se gonflait. Je
lui demande alors s'il cherchait quelque chose,
on sait jamais, si c'était le sol qu'il regardait et
non pas ma cheville ! J'ai très peur de ce genre
d'équivoques.

– *(Douce)* Tu veux quoi, jeune homme ? Tu veux
de l'aide ? – Aussitôt je souris de toutes mes
dents. Il n'a rien dit, a allumé une cigarette, l'a

fumé. Il a encore regardé ma cheville. J'ai encore essayé, mais impossible de cacher mes petits pieds. J'ai relancé la question.

– C'est quoi, jeune homme ? – j'étais prête à l'appeler mon petit, mais je sais comment ils sont ces petits, ils croient déjà être des hommes. Je me suis dit, ça va le vexer. Il a soufflé la fumée et finalement il l'a dit :

– Belles…

– Formidable, ce compliment ! Flatter une femme par ses chevilles, ça ne m'était jamais arrivé… ! Et il a continué à ma grande surprise.

– Des belles chaussures…

– Quoi ??! Les chaussures ?! J'ai demandé interloquée. J'avais ces sandales-là, les mêmes – rouges – alors j'ai dit que ce n'étaient pas des chaussures, que c'étaient des sandales. – Moi aussi j'adore mes pieds, j'ai dit. *(Elle sursaute)* – Aïe aïe aïe !!J'ai senti que j'avais merdé. Et là, j'ai fait un léger pas de tango. *(Elle fait un pas de tango. La musique démarre. Gilda prend son caddie)* et je me barre en tirant mon caddie dans le supermarché. Le tango m'a suivi. Aïe, aïe ! Je regarde en arrière et je vois les énormes bottes toutes sales d'Alvinho qui me suivaient. Les gros pieds d'Alvinho. Et là, je vois qu'il regarde ma taille. Mes robes ont toujours tendance à se dandiner un peu trop derrière. Alors là, j'assume le mouvement, et je me dandine pour de booooon. *(Elle remue drôlement les fesses avec volupté)* J'ai acheté mes épices, mes huiles. J'ai acheté du miel aussi. J'ai cassé le miel.

– *(Elle crie)* Aïïïe!! *(Pause)* Merde ! *(Pause)* C'est cher le miel ! Je m'suis mis du miel partout...
Je ne sais pas ce qui m'a pris de vouloir nettoyer le sol du supermarché à ce moment-là. Tout le monde me regarde. Et Alvinho vient m'aider. Il s'en met partout lui aussi. *(Pause)* Et c'est là qu'il m'embrasse, et il me lèche la main. Le miel sur ma main. *(Changement de lumière)*

GILDA – Je sais très bien que ce qu'il avait fait aurait pu foutre la merde. J'ai même été capable de le penser comme ça sur le moment, mais après non. Très vite j'ai compris que je me laissais prendre et des bains de miel, on en prend pas tous le jours. J'ai décidé de ne plus rien acheter. Je suis partie du supermarché en courant. Alvinho me suit derrière en tirant mon caddie avec une des main. L'autre main dans la poche. J'entre dans la cour comme ça avec lui derrière moi. À l'instant même, je sens tous les regards se tourner vers moi, me mordre derrière les rideaux. Les yeux de Cacilda rouges, je les ai vus, ceux-là. C'est là que j'ai remarqué les regards que me lançaient les gamins débouts devant l'entrée de la cour. Jour après jour, ils n'étaient plus les mêmes. Ils devenaient de plus en plus grands, les voix plus graves, les poils qui poussaient et les regards endurcis. Comme si on avait versé de l'iode dans leurs yeux. Les yeux

jaunes. Immobiles. Profonds. Soudain, comme
ça, sans raison, un qui courait, comme ils ont
toujours couru derrière un ballon ou un cerf-
volant, comme ça, comme mon fils quand il
sautait les murets. Et l'un qui courait pour dire
quelque chose à l'oreille de l'autre qui arrivait
astucieux, l'air étonné, et faisait signe à tous les
autres. C'est là que j'ai vu. Ils ont sorti leurs
armes, et ils ont tiré vers le haut. Tout de suite,
les habitants qui étaient dehors sont rentrés chez
eux. Une demi-heure plus tard, plus de lumière
dans la cour. Noir total. Ces petits rois ont pris
l'habitude de couper le courant dans la cour,
et encore aujourd'hui quand ils veulent, ils le
font. Ils se mettent au coin de la rue, et guettent
les gens qui passent. Et c'est un jour comme ça
que Wallace est apparu pour la première fois.
(Musique d'amour) Et derrière lui, plusieurs
voitures de la police. Wallace, on dirait un géant.
Il est sorti de la voiture avec la cigarette au coin
de la bouche, a fait signe à la brigade. Mais avant
d'attaquer, il a couru en se baissant jusqu'à une
fenêtre. C'était la fenêtre de Jandira.
(La musique s'arrête) Les deux se sont embrassés
et Wallace s'en est allé comme s'il lui avait
promis de gagner la guerre pour elle. Dans
le noir, je ne voyais que les traits rouges des
balles dans l'air et les bruits !! Tout est devenu
si mauvais… de pire en pire. J'ai pensé : mon
Dieu, le monde est tellement grand… Mais on
dirait qu'on nous a choisi. Nous ici. D'un côté
la faim et le désert, les ordures. De l'autre, la
colline, et ces gamins si petits et si maîtres d'eux.

Et là, ici même, la cour, le couloir, cet entonnoir de l'existence. *(Elle change de ton)* Wallace est mort. Je ne peux pas comprendre qu'un type veuille être policier. Je ne sais pas pourquoi, mais j'ai l'impression que l'héroïsme n'a plus de sens. Du moins, de nos jours. Alvinho n'est plus venu… *(Longue pause)* Je reste là et je prie pour que ça soit mes derniers jours, je prie pour voir ce qui va se passer le lendemain de la bataille, pour voir ce fameux matin de paix et que je puisse raconter les derniers jours que nous avons passés. Mais cette fois-ci je pourrai le raconter assise sur le bord du trottoir avec les enfants qui viendront me voir en courant. Mais je ne parlerai pas de moi, non. Je ne dirai pas qui je suis, non. Je changerai de nom, de lieu, je changerai tout. Je m'appellerai Genuina, Virgínia, Eugênia, Ingênua. Parce que Gilda est en train de mourir. Je dirai alors qu'un jour, il a existé une femme très belle, très désirée, ce genre de chose. Mes porcs sont là, derrière la maison : Inácio, Ismael, Oswaldo, Hiram et Wallace. Ils vont tous mourir de vieillesse. Mon couteau ne les touchera plus. Que les poules. Et j'ai acheté un oiseau tout blanc. Un oiseau qui me regarde de côté. On dirait qu'il sourit. Je l'ai appelé… Alvinho, le poète…

Musique. La lumière tombe lentement pendant que Gilda fait un œuf au plat.

La lumière tombe. Noir.

Rio de Janeiro, mars 2003.

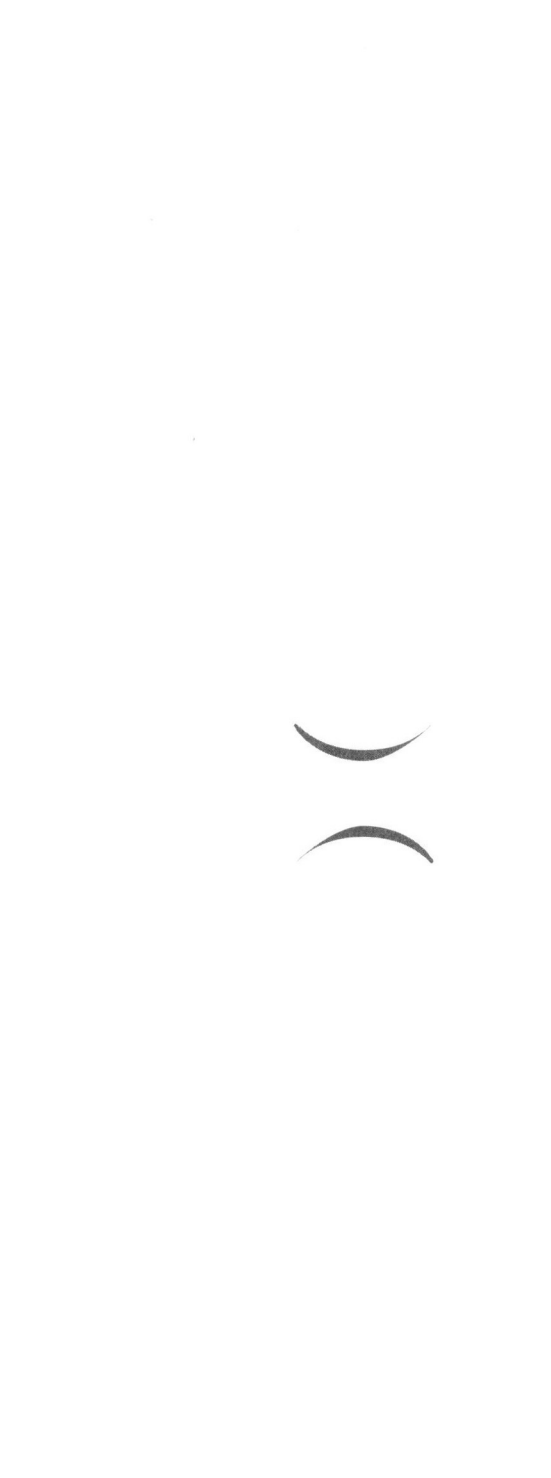

ɔsǝq ǝl ʇuǝʌnoɹdǝ̓
ertaine sauvagerie

d'un retour aux sources donc d'un

Typographie	Famille Adobe Garamond Pro
Papier	Chamois Fine Dunas 80 g/m²	intérieur Triplex 250 g/m²	couverture
Nombre de pages	176
Tirage	2000
CTP, impression et reliure	Imprensa Oficial do Estado de São Paulo

INSTITUTO TOTEM CULTURAL

Coordination et direction éditoriale
Marinilda Bertolete Boulay

Traduction
Maria Clara Ferrer
Alain Mouzat
Jean Yves de Neufville
Marinilda Bertolete Boulay

Révision et traduction de textes
Leandro S. Vieira

Photographie
Nelson Ursi

Conception graphique
Estudio Ursi

Mise en page
T.O.T.E.M

Production

imprensaoficial

Gérant de produits éditoriaux et institutionnels
Vera Lúcia Wey

Coordination éditoriale
Cecilia Schahach

Assistance éditoriale
Bia Lopes

Révision
Lindsay Gois

PRESSES OFFICIELLES DE L'ÉTAT DE SÃO PAULO

CONSULAT GÉNÉRAL DE FRANCE – SÃO PAULO

Consul
Sylvain Itté

Attaché de coopération et action culturelle
Jean-Martin Tidori

Attaché culturel
Philippe Aragno

ALLIANCE FRANÇAISE

Directeur-président
José Carlos Grubisich

Directeur vice-président
Pierre Jean Dossa

INSTITUTO TOTEM CULTURAL

Président
Leonor Arioli Bertolero

Vice-président
Bruno Boulay

França.Br 2009

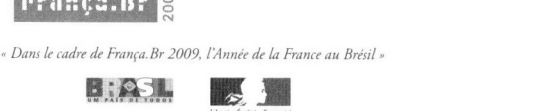

« Dans le cadre de França.Br 2009, l'Année de la France au Brésil »

Apoio

imprensaoficial

Directeur-président
Hubert Alquéres

Directeur industriel
Teiji Tomioka

Directeur financier
Clodoaldo Pelissioni

Directrice de gestion d'affaires
Lucia Maria Dal Médico

PRESSES OFFICIELLES DE L'ÉTAT DE SÃO PAULO

**GOVERNO DO ESTADO
DE SÃO PAULO** GOUVERNEMENT DE L'ÉTAT DE SÃO PAULO

Gouverneur José Serra

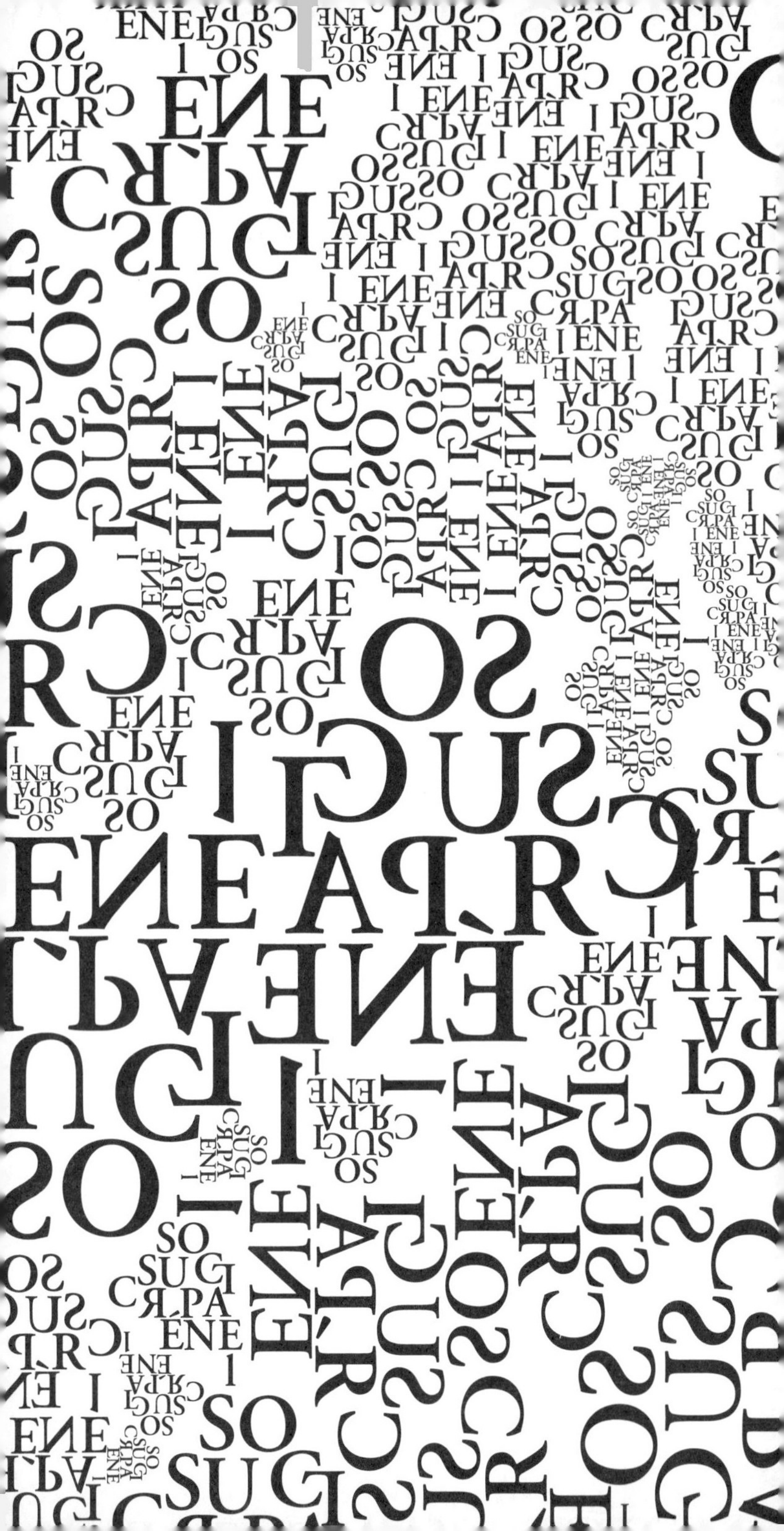

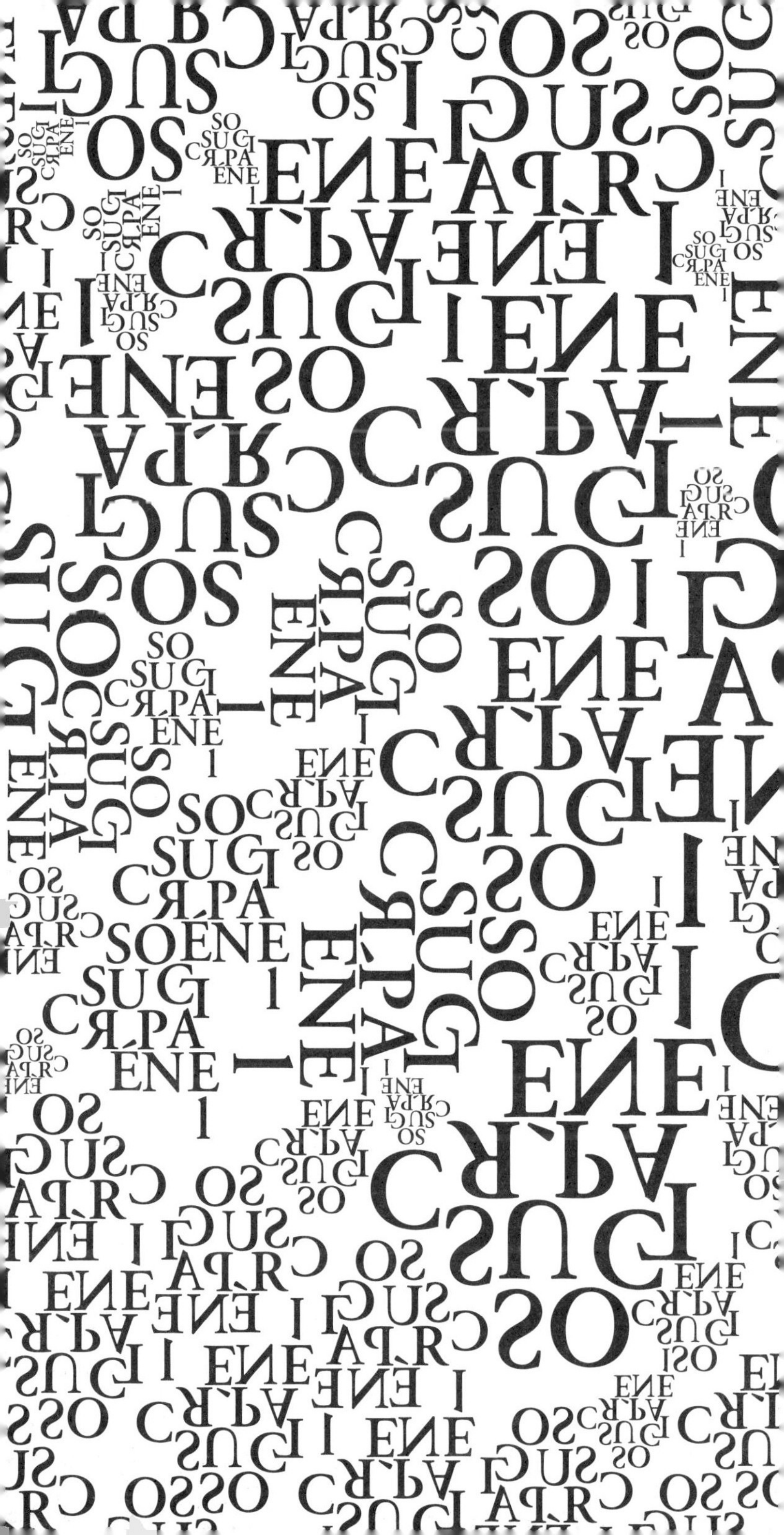

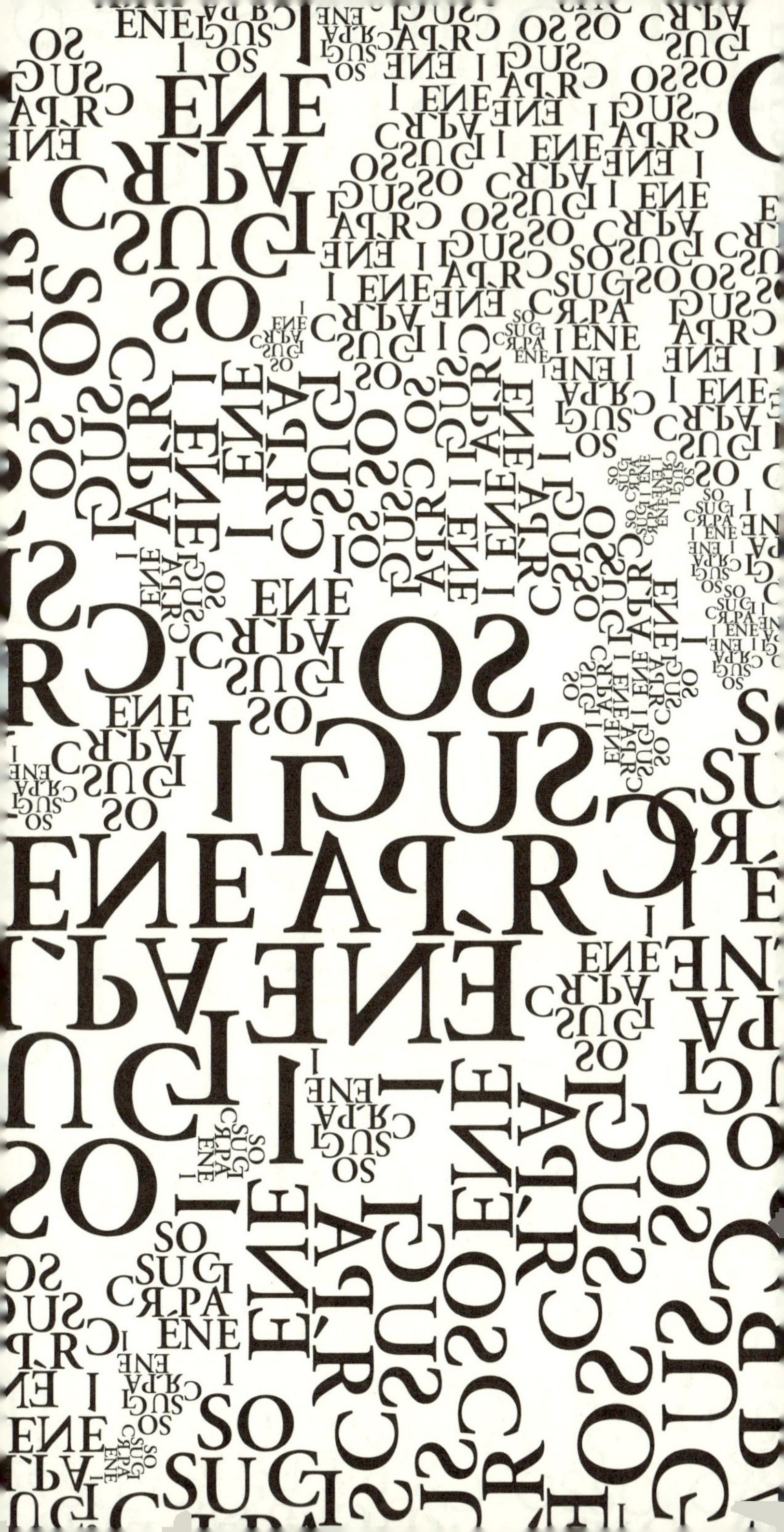

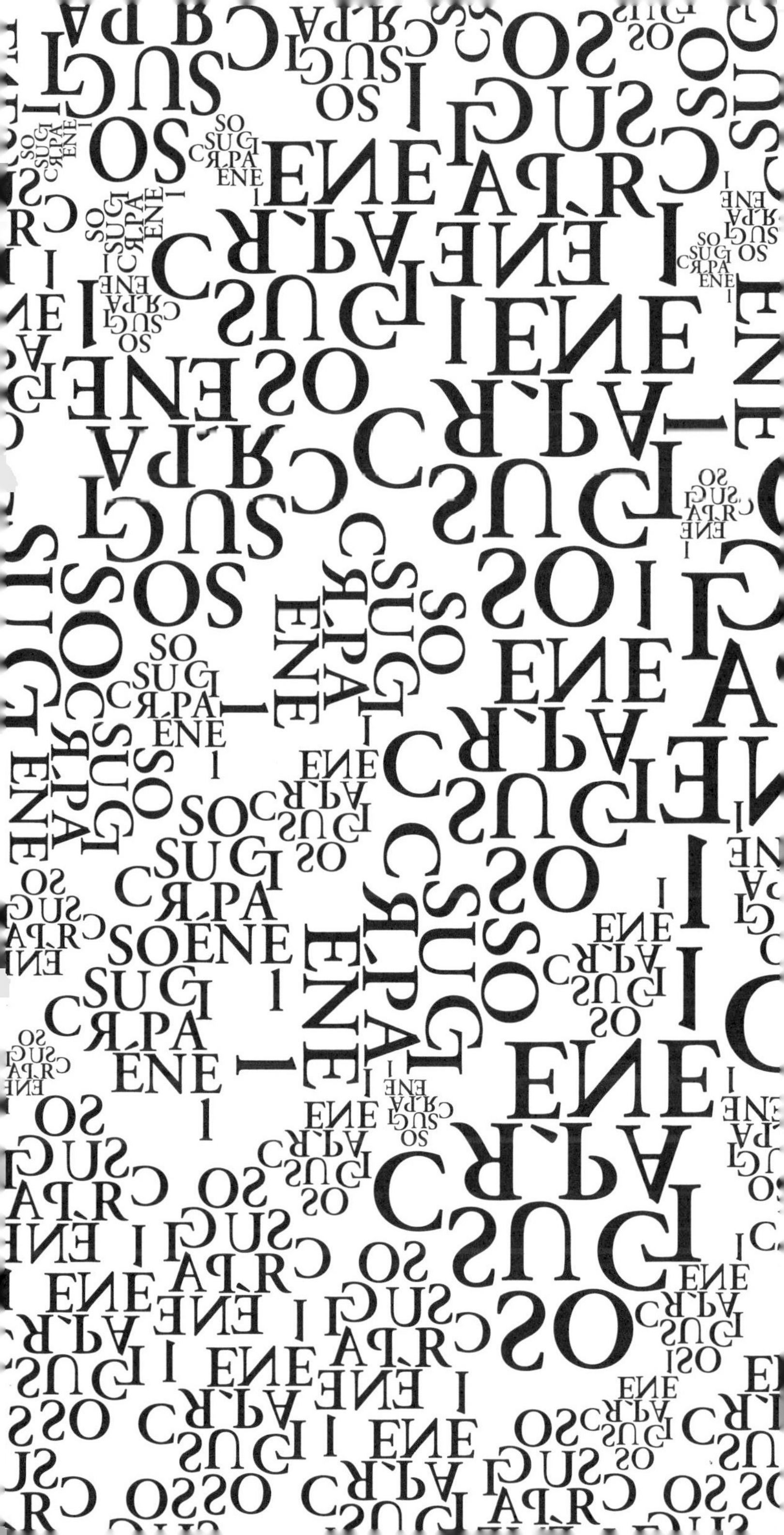

**GOVERNO DO ESTADO
DE SÃO PAULO**

Governador   José Serra

imprensaoficial	IMPRENSA OFICIAL DO ESTADO DE SÃO PAULO
Diretor-presidente	Hubert Alquéres
Diretor industrial	Teiji Tomioka
Diretor financeiro	Clodoaldo Pelissioni
Diretora de gestão de negócios	Lucia Maria Dal Medico

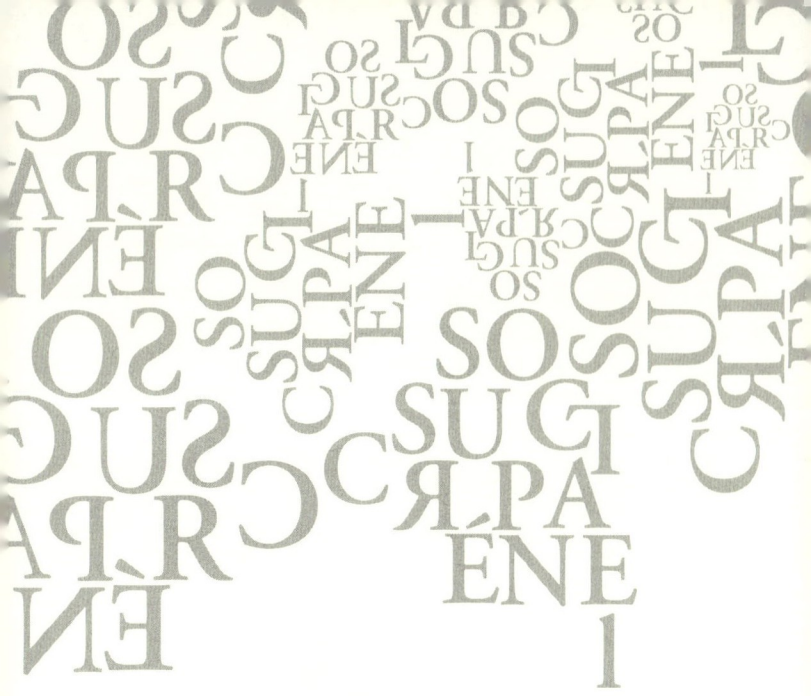

CONSULADO GERAL DA FRANÇA EM SÃO PAULO

Cônsul — Sylvain Itté
Adido de cooperação e ação cultural — Jean-Martin Tidori
Adido cultural — Philippe Ariagno

ALIANÇA FRANCESA

Diretor-presidente — José Carlos Grubisich
Diretor vice-presidente — Pierre Jean Dossa

INSTITUTO TOTEM CULTURAL

Presidente — Leonor Arioli Bertolete
Vice-presidente — Bruno Boulay

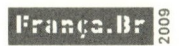

« No âmbito de França.Br 2009, o Ano da França no Brasil »

Apoio

îledeFrance   PREFEITURA DA CIDADE DE SÃO PAULO   MAISON ANTOINE VITEZ — CENTRE INTERNATIONAL DE LA TRADUCTION THEATRALE   Hugiscué

INSTITUTO TOTEM CULTURAL

Coordenação e direção editorial	Marinilda Bertolete Boulay
Tradução	Maria Clara Ferrer
Revisão e tradução de textos	Alain Mouzat
	Jean Yves de Neufville
	Marinilda Bertolete Boulay
Fotografia	Leandro S. Vieira
Projeto gráfico	Nelson Urssi
Diagramação	Estúdio Urssi
Produção	TOTEM

IMPRENSA OFICIAL DO ESTADO DE SÃO PAULO

Gerente de produtos editoriais e institucionais	Vera Lúcia Wey
Coordenação editorial	Cecília Scharlach
Assistência editorial	Bia Lopes
Revisão	Lindsay Gois

Tipologia	Família Adobe Garamond Pro
Papel	Chamois Fine Dunas 80 g/m² | miolo
	Triplex 250 g/m² | capa
Número de Páginas	176
Tiragem	2000
CTP, impressão e acabamento	Imprensa Oficial do Estado de São Paulo

Não falo que so... ...gar, mudo tudo.

no dia seguinte depois da batalha, pra ver a tão
falada manhã de paz e eu possa contar desses
últimos dias que passaram. Mas aí eu posso
contar sentada no meio-fio da calçada junto dos
meninos que vão vir correndo pra me ver. Mas
não vou falar de mim, não. Não falo que sou
eu, não. Mudo o nome, mudo o lugar, mudo
tudo. Passo a me chamar Genuína, Virgínia,
Eugênia, Ingênua. Porque Gilda tá morrendo.
Então eu falo que um dia existiu uma mulher
muito bonita, desejada, essas coisas. Meus porcos
estão lá nos fundos: Inácio, Ismael, Oswaldo,
Hiram e Wallace. Vão morrer todos de velhice.
Neles eu não passo mais a faca. Só nas galinhas.
E comprei um periquito todo branco. Um
periquito que me olha de lado. Parece sorrindo.
Coloquei o nome dele de... Alvinho, o poeta...

*Música. Luz vai baixando lentamente enquanto
Gilda frita um ovo.*

Luz vai caindo. Blackout.

Rio de Janeiro, março 2003.

mais um que chegava esgueirado, assustado, e esse fazia sinal para todos. Foi então que eu vi. Eles sacaram as armas, atiraram pro alto. Rapidamente, os moradores que estavam por perto, entraram para suas casas. Meia hora depois, o bairro ficou sem luz. Breu total. Esses reizinhos tomaram o hábito de cortar a luz e hoje ainda cortam quando querem. Colocam-se nas esquinas, esprcitam qualquer um que chega. E foi nesse dia que o Wallace apareceu pela primeira vez. *(Entra música de amor)* E com ele mais muitos carros de polícia. Wallace parecia um gigante. Saltou do carro com seu cigarro de canto de boca, fez sinal pro batalhão. Mas antes do ataque, correu abaixado até a janela de uma casa. Era a janela da Jandira. *(Música para)* Os dois se beijaram e Wallace saiu como se tivesse prometido a vitória da guerra pra ela. Na escuridão eu via os traços vermelhos das balas no ar e aqueles zumbidos!! Foi tudo ficando tão ruim... foi tudo piorando tanto. Eu pensei: nossa, o mundo é tão grande... Mas parece que é aqui que fizeram a escolha. De um lado, a fome e o deserto, o lixo. De outro, o morro, e os moleques tão pequenos donos dele. E aqui, bem aqui, a vila, o corredor, esse funil de existência. *(Muda o tom)* Wallace morreu. Não sei o que dá em alguém para querer ser polícia. Não sei por que, mas algo me diz que heroísmo não tem mais sentido algum. Pelo menos por hoje. Alvinho não apareceu mais... *(Longa pausa)* Fico aqui rezando pra que esses sejam meus últimos dias pra ver o que acontece

— *(Grita)* Aiii!!! *(Pausa)* Merda! *(Pausa)* Como o mel tá caro! Me sujei toda de mel... Não sei o que me deu pra querer limpar o chão do supermercado naquela hora. Todo mundo me olhando. E o Alvinho me ajudou. E se sujou também. *(Pausa)* Foi então que ele me beijou, me lambeu a mão. O mel da minha mão.
(Quebra na luz)

GILDA – Eu sei que isso que ele fez poderia ter estragado tudo. Cheguei a conseguir pensar desse jeito na hora que tudo acontecia, mas depois não. Rapidamente eu vi que estava sendo surpreendida e que não é todo dia que se toma banho de mel na vida. Resolvi não comprar mais nada. Saí do supermercado correndo. Alvinho veio atrás puxando meu carrinho com uma das mãos. E a outra mão no bolso. Entrei na vila assim, com ele. No mesmo instante senti todos os olhos me mordendo por trás das cortinas de cada casa. Os olhos vermelhos da Cacilda, esses eu vi. E foi por esses dias que eu reparei nos olhos de todos os moleques parados no portão da vila. Dia após dia, eles não eram mais os mesmos. Eles cresciam rápido, engrossavam as vozes, criavam pelos no corpo e endureciam os olhos. Como se tivessem derramado um litro de iodo nos olhos. Os olhos amarelos. Parados. Fundos. De repente, assim, do nada, um corria, corria como antes todos corriam atrás de uma bola ou de uma pipa, assim, como meu filho saltando um muro. E um deles corria e dizia alguma coisa importante no ouvido de

— Qui foi, rapaz? – ia chamar ele de menino, mas sei como são esses meninos que pensam que são homens. Ia ofender, imaginei. E ele soltou a fumaça e disse finalmente:

— Bonitos...

— Ai, que cortejo incrível esse de dizer dos tornozelos, nunca isso tinha acontecido comigo...! – Ele continuou para minha surpresa:

— Bonitos sapatos...

— Como??! Sapatos?!, perguntei estarrecida. Eu estava com essas mesmas sandálias – vermelhas – aí eu disse que não eram sapatos, disse que eram sandálias – Também adoro meu pé, eu disse. *(Assusta-se)* Vixe!! – Percebi que tinha feito merda. Daí que fiz um delicado pé de tango *(Faz o passo. Entra um tango. Gilda puxa seu carrinho de compras. Aqueles de feira)* e saí puxando o meu carrinho pelo supermercado. O tango me seguiu. Ai, ai! Eu olhei pra trás e vi as botas enormes e sujas do Alvinho me seguindo. Pé enorme o do Alvinho. Daí que eu vi ele olhando pra minha cintura. Meus vestidos sempre embalançam por demais na parte detrás. Daí que exagerei no movimento, embalancei meeessssmo. *(Sacode as nádegas engraçada e voluptuosamente)* Comprei meus temperos, meus azeites. Comprei mel também. Quebrei o mel.

ainda não tenho pena da Cacilda, não, tá sem
marido, porque o Ismael saiu e não voltou mais
antes da bomba estourar de vez. E agora tá
sozinha, morrendo de medo. Cada um com o
fim que merece. E não quero nem saber o que
houve com o Ismael. E o Alvinho... o Alvinho
não veio mais faz muito tempo... Alvinho era
muito menino. Menino mesmo. Mas parecia
homem feito. Andava de casaco escuro, fumava
cigarro querendo não fazer charme, agora se veja.
Como cheirava a cigarro o Alvinho. Maaaaagro...
não tinha um cabelo na perna. Nem no resto...
e os olhos. Os olhos do Alvinho mereciam o
mundo. Aquelas olheiras. Os moleques da vila
gostavam dele no início, mas quando viram
que ele era quem eu mais gostava, implicaram.
Alvinho saía antes do amanhecer. No inverno
deu até pena. Eu via da minha janela o ar quente
saindo da boca do Alvinho no frio da manhã.
Nunca soube onde ele morava. Conheci Alvinho
no supermercado. Ele parou e ficou olhando o
meu tornozelo. Não entendi muito bem, mas
depois o que aconteceu foi que me senti nua
com o tornozelo de fora. Ele não tirou os olhos
do meu tornozelo nu. Cá em cima, meu coração
inchava. Aí eu perguntei se ele tinha perdido
alguma coisa, vai que ele tava olhando pro chão
e não pro meu tornozelo! Tenho muito medo
desses equívocos.

– *(Doce)* que qui é, rapaz? Quer ajuda? – Logo
abri um sorriso. Ele não disse nada. Acendeu um
cigarro. Fumou. Voltou a olhar pro meu tornozelo.
Ainda tentei, mas não consegui mesmo esconder
meus pezinhos. Tornei a perguntar:

sabem que eu tenho é muito amor. A Cacilda agora quer me matar. Wallace é que não deixa. Parou o carro de polícia aqui na porta da vila e não deixa nada acontecer. Faz compras pra mim e tudo. O morro tá em guerra. A Cacilda morre de medo de bala perdida. Agora quer se redimir com medo de morrer. Mas mesmo assim não me deixa sossegada. Atirou bosta de cavalo na minha porta. As outras mulheres atiraram as fraldas sujas dos seus filhos. Elas pensam que bosta me humilha. Bosta é de Deus. Eu também sou de Deus. Elas atiram bosta em mim, estão é atirando na face de Deus. Meus porcos estão cada vez mais agitados. Dizem que os espíritos se apossam dos porcos e eles gritam feito loucos. Isso tá na Bíblia. Queria aprender a dizer tudo o que NÃO está na Bíblia. Inventar mais novidade. Tou é cansada desses exemplos bíblicos. Ai, ai. A cidade está em guerra.
O mundo também. A batalha continua. Todo mundo num campo de concentração. Ninguém sai, ninguém entra. Wallace morreu. Jandira viu uns meninos de metralhadora na mão saírem correndo e rindo. Wallace morreu no chão olhando pra porta da minha casa. Me defendeu até o fim. Nem foi chamado de herói, nem veio num cavalo empunhando bandeira. Eu hasteei a minha. Os mesmos moleques invadiram a academia do Hiram. Roubaram tudo. Inácio sumiu. Oswaldo aquietou o desejo. Voltou pra mulher e pra casa dele que ele vai pintar como tinha prometido pra mim, tinha prometido que ia pintar minha casa... pois sim. E a Cacilda,

vender e botar inveja nessas mulheres que acham
que camarão é coisa de gente fina, tá certo que
camarão tá muito caro, comer uma lata inteira
de leite em pó, adoro peixe: namorado, cação,
viola, arraia, cocoroca, manjubinha, pirarucu,
anchova, pescadinha, atum, bacalhau, salmão,
sardinha eu amo, papa-terra, baiacu ará, sei
limpar esse peixe, que se não tomar cuidado com
o fel que ele tem, a gente pode morrer. Tenho
horror a siri, por causa do jeito de pescar eles,
esse negócio de colocar tripa fedida no puçá pra
pescar siri eu não gosto. Siri gosta é de cadáver,
é só morrer no mar e depois de três dias o corpo
fica de siri até no olho. Isso tudo é horrível.
Comida e morte tão sempre juntas. Quando
meu pai morreu, minha mãe colocou dentro do
caixão um prato de lasanha que era a comida que
ele mais gostava.

GILDA – Dei de mamar pro Juninho. Ele
entrou pelo telhado quando eu tava tomando
banho. Abraçou minha barriga. Fiquei besta com
a coisa dele já formada. Já entrou no banheiro
com a coisa dura. Quando eu era menina eu
pensava em ser homem só pra poder enfiar
nos buracos. Juninho apertou minha barriga e
beijou meu peito. Depois foi embora com os
dentes de fora feliz da vida. Eu chorei muito
sozinha. Queria pegar os meninos todos pra
criar na felicidade sem azucrinação na cabeça
e verborragia de pai e mãe frustrados. Queria
é criar os homens e tirar a cabeça de baixo
da cabeça de cima. Essas mulheres daqui não

Com tanta sangreira e morte manchando a história do Criador, eu devia é ser necrófila, homicida. Suicida não. Tenho horror de gente que se mata. Tou ficando com horror é de qualquer notícia de guerra que ouço na televisão e no rádio. E esses líderes, cada qual sem discernimento e austeridade pra saber o que acontece em cada casa sem nome povoado afora. Ninguém sabe quem eu sou. Pensam que eu não presto de toda. Tão tudo me pegando pra culpada dos pecados do mundo. Por isso é que tenho prazer em sexo e em comida. Coisa mais bonita é ver as gentes comendo até se fartar pra depois dormir. Tou é esperando o dia pra sair por aí a servir um prato de comida pra cada um mesmo sabendo que não vou matar a fome, a tristeza e a solidão humana. Depois que eu der de comer e de mamar pra esses moleques todos desesperados pelo futuro, eu volto e me tranco na minha casa e morro de tanta comida. Morro fazendo os melhores pratos. Peixe frito com salada, sopa de tudo que é jeito: sopa de ervilha, sopa de cebola, de inhame, de batata com agrião, sopa de pão. Couve, adoro couve, uns quinhentos molhos de couve pra comer com feijão preto, tudo que é comida pesada pra eu morrer de indigestão e tristeza, comer uma panela de macarrão enquanto eu faço as unhas (isso aconteceu com duas irmãs muito gordas que moravam aqui na vila, a Maria e a Marli) comer feijão no copo com pedacinhos de pão, fritar oito ovos e comer com carne assada, acarajé, sarapatel, vatapá, camarão pra dar e

Muitos tomates e outros objetos esdrúxulos são lançados sobre Gilda e também ouvem-se gritos de festejo das mulheres. Gilda se aproxima do público completamente transfigurada e imunda, bem mais do que no início da peça.

GILDA – Eu sempre tive pena dos porcos. Já passei uma madrugada olhando todos eles no chiqueiro. Eles todos nus, de olhos e orelhas baixas, porcos não olham pro céu, li isso em algum lugar. São ensimesmados até na alma, feito esse povo que remexe o lixão aqui do lado. Se bem que esse povo miserável ainda arruma alegria no coração e clareza na alma. Já essas mulheres daqui da vila são todas defeituosas, têm medo e vergonha dos seus seios. Cacilda quando era minha amiga, frequentava minha casa e falava que tinha vergonha de ver o próprio seio nu. E dizia que achava indecente o meu bando de porcos tudo junto parecendo um bando de homem sem roupa em penitenciária. Cacilda tem u'a imaginação!... Cacilda sempre teve nojo do marido, dizia que não suportava cheiro de virilha de homem. Uma vez ela me disse assustada olhando bem no fundo do meu olho: você, se quiser matar uma pessoa, você sabe como. Você treina nos porcos. Eu virei muda e saí calada. Cacilda vivia com coceira na virilha, achava humilhação coçar a virilha. E não foi ao médico. Dizia que isso não é coisa de gente temente a Deus, gente de religião, isso de viver coçando a virilha. Verdade que se não fosse meu amor por Deus, eu não ia mais à igreja.

Som de sirene de polícia, metralhadoras, vozes e gritos de mulheres. Luz vermelha de sirene no rosto de Gilda.

GILDA – Que qui tá havendo?! Isso é coisa da Cacilda, tô sentindo!!! *(As metralhadoras aumentam. Gilda grita apavorada)* Wallace, é você que tá fazendo isso?! Wallace??!!

Os barulhos e as vozes cessam. Gilda fica à espreita com o facão. Então ouve-se a voz de Cacilda. É um gromelô fino e estranho. O público não entende o que Cacilda diz. Cacilda fala alguma coisa e o coro de vozes de mulher festeja com gritos e aplausos.

GILDA – Que qui é, hein, Cacilda?? Ai, tô com u'a pena de você, Cacilda!!! Você não desiste!! O quê?! Teu marido não vem aqui há séculos, Cacilda!! *(Cacilda fala novamente. As mulheres festejam)* O Ismael?! Aqui?! Não, cê tá enganada, Cacilda, aqui ele não tá, não, isso eu posso te garantir! *(Cacilda fala de novo. As mulheres festejam)* Como?! O Hiram?! O Hiram não tá aqui muito menos! *(Curto palavrório de Cacilda)* Não! Nem Oswaldo, nem o Inácio, nem o Wallace! Tem ninguém aqui, Cacilda! Me deixe em paz, Cacilda, me deixa, filhote de musgo, filha de uma figa! Eu tou indo aí agora...

Aumenta o som de galinhas e porcos e cachorros latindo. Mudança de luz. Gilda xinga as vizinhas como se estivesse frente a frente com elas. Entra também o barulho de sirene de polícia novamente. A luz vermelha da sirene pisca no rosto de Gilda.

minha cabeça quando eu tou tomando banho,
tudo moleque que não sabe nem o que é gozo.
Tem um que diz que me ama, parece coisa de
filme, tenho vontade de emancipar ele, mas aí é
que me degolam de vez. Acho que não presto.
Queria é ter nascido homem pra achar que tudo
isso que eu tou falando é absurdo, mas mulher
é bicho mesquinho demais e não tenho pena,
nem de mim eu tenho pena, mas de homem eu
tenho, porque apesar de ter a coisa dura entre as
pernas, são tudo mole por dentro. Hoje em dia
é difícil ver homem forte. O mundo tá louco e
eu quero é estar sempre viva pra ver a loucura
do mundo. Falei pro Inácio que eu amo ele.
(Pausa) Falei pro Ismael também. *(Pausa)* E
pro Oswaldo. *(Pausa)* E pro Wallace eu também
disse te amo. *(Pausa)* Nada mudou. *(Pausa)*
Alvinho nunca mais veio. Eu acho até que ele
não deve ter suportado viver. Muito triste pensar
assim. Mas Alvinho é muito delicado. Mamãe que
sempre disse pra eu gostar de homem que olha,
esses homens que quase não falam, mas olham pra
tudo, pensam em tudo. Esses homens carregam
nos olhos alguma coisa que eu nem sei descrever.
Esse é o mistério que eu gosto. O Alvinho tem
isso. O Hiram é o único que diz que me ama.
Mas eu não acredito. A vida é assim. Quem ama
a gente, a gente não quer, e quem a gente ama,
não quer a gente. Que qui acontece?! Todos eles
disseram que sou mentirosa. Que eu não amo
ninguém. Só tenho amor do Hiram, que tá noivo,
mas nem dinheiro ele me dá mais. Tenho também
o amor desses moleques aí. Coisa de doido...

muito triste também. Mergulha o rosto dentro da massa do bolo. Chora. Acende outro cigarro com o rosto sujo. Coloca cinza de cigarro dentro da bacia. Apaga o cigarro na massa do bolo. Chora mais. Fuma. Música cresce para depois diminuir.

GILDA – A gente assim dentro de casa, vez em quando esquece até que é gente. Esquece tudo, esquece país, data de aniversário, comemoração cívica, esqueço até da minha dor no estômago que sempre atacou nessas horas de angústia. Devo estar até curada. Mas angústia por angústia é angústia que se sente e não tem jeito. Se eu não tomo cuidado vou deixando de ser humana. Nem me olho mais no espelho pra ver quem eu sou. Não que eu tenha deixado as coisas da vaidade. É de outra coisa que estou falando e que não vale a pena estender. E o que eu sou e o que eu não sou, não importa, nem sei mais o que sou, bobagem, acho tudo bobagem, isso que eu disse, mas já foi. Fico besta com a bobagem humana. Dá até vontade de aplaudir tanta bobagem. Mas se o homem não vive de tanta bobagem vive de quê. Zilá é moradora nova. Mal entrou aqui na vila já soube onde veio parar. Se trancou em casa e só bota o pé na rua pra fazer compra. Não casou, não pode ter filho, mora ela e o pai dela, gente finíssima, dá pra ver quando gente é coisa fina. Eu que também não casei e nem vou casar, só me aparece esses diabos de homem casados, tudo mal-amarfanhado, rezando pra dormir antes da mulher chegar na cama. Agora os moleques tão com a mania de me ver nua pelo telhado, falam pornografia, mijam na

ler nem escrever, é culpa de quem, comemoram
natal, aniversário de vida e de morte, não sabem
nada, tão é com as moscas na cabeça, não tomam
banho, eu sou linda, jovem e arrebatada por
tanta miséria humana, e vou dizer se ninguém
nunca pecou pra atirar a primeira pedra, não,
não vou dizer, não, porque já me atiram é o DI-
A-BO, bando de reacionárias, me deixem em
paz, meu Deeeeeeeeeeeeeeeuuuuuuuussssss!!!!

*A sonoplastia de cachorros e galinhas, vozes de
mulheres aumenta. Gilda continua falando com o
barulho encobrindo sua voz. Luz vai baixando até
o* blackout, *junto com a sonoplastia.*

*Luz acende. Gilda tira o avental ensanguentado e
está com um belo vestido vermelho. Gilda se ajeita:
coloca brincos também vermelhos, acende um
cigarro. Liga seu rádio e ouve uma bela música.
Fuma o cigarro durante um tempo. Está se sentindo
totalmente só. Sonoplastia de copos quebrando na
casa de Cacilda. Gritos de Cacilda com Ismael.
Gilda olha pela boca de cena. Fica aflita. Acende
outro cigarro. Fuma desesperadamente. Recoloca o
avental ensanguentado e pega o facão com punho
de assassina. Finca o facão na mesa de madeira.
Com o cigarro na boca começa a preparar a massa
de um bolo. Os gritos aumentam na casa de
Cacilda. Gilda se irrita e aumenta a música. Pega
alguns ovos e os atira dentro de uma bacia com
casca e tudo, coloca farinha de trigo e suja toda a
mesa, mexe com uma colher de pau, fuma, coloca
leite, mexe, vai se irritando profundamente e está*

que eu não sou sovina como eu tou parecendo, mas tenho muito medo de acordar um dia e ver o céu embaixo e a terra em cima, os cachorros despencando, girando no ar, sem saber onde vão parar, aquela confusão, e os homens, ihhhhhh os homens todos e as mulheres também, ninguém fica de fora, todo mundo morrendo de medo da morte e esquecendo de tudo, esquecendo de casa, de dinheiro, de carro, comida, vício e intransigência dos governos, todo mundo igual indo pro mesmo buraco de abandono e de cruz. Como se eu perguntasse pr'uma pessoa que nem a Cacilda onde é que ela pensa que está. Quem que ela pensa que ela é. Não vai saber dizer, não vai saber o que querer, a não ser dizer que quer dinheiro, que quer muito dinheiro e aventura de sangue escorrendo na televisão e no pensamento.

Sonoplastia de cachorros, galinhas, vozes de mulheres do lado de fora da casa de Gilda.

GILDA – Aqui na vila todas as mulheres têm ódio de mim, inveja, inveja!!! Porque não faço parte da laia delas, mijaram no meu portão, raparam as mangas do meu quintal, atiraram ovo podre na minha janela, depois fui ver que eram os ovos das minhas galinhas, roubaram os meus ovos, vão se foder todas elas, querem me humilhar, me colocar medo, não posso sair na rua, chacoalham o meu portão, quebram vidro da minha janela, riscam meu muro, gritam meu nome como se fosse palavrão, cagam moral, vomitam miséria, pobreza e soberba, não sabem

GILDA – Não dou. Não dou. Não dou. Não
dou uma talha da carne que seja pra Cacilda.
Ismael veio me dizer que tá sem o que comer
den'de casa. Não dou por causa da Cacilda. Tou
ficando ruim. Tou ficando vendida se começar a
ter pena do mundo. Até que do mundo eu tenho
u'a pena, até dava metade do meu galinheiro,
mas pena da Cacilda, eu quero que ela morra,
filha d'uma puta, irritadiça, ressabiada com quê,
diz vítima de mim, que sou mulher de liderança
e de ter prazer em moldar estômago de homem,
mandou assaltar minha casa, levaram todos os
meus azulejos azuis e brancos que sobraram
da obra da minha cozinha, levaram foi minha
beleza entranhada na alma da minha casa,
único lugar de refúgio, onde eu posso morrer
rainha sem ser devedora, tá tudo ficando cada
vez pior e eu não sei onde eu vou parar com
tanto ódio no coração por essa filha da puta,
nem minhas galinhas são tão escandalosas,
salafrária, ordinária, mandou gesto obsceno do
terraço da casa dela na noite de natal, tava eu
dançando com meu filho na sala, feliz da vida e
ela ensopapando Ismael que ele saiu pra dormir
e nem comemorou nascimento de Jesus nem
nada. Se eu pudesse recriava universo, recriava
gente e diria na cara de cada um antes de ir pros
ventres: ó, ou tu é louco e indecente ou tu vai
morrer na cruz de tanta complacência e caridade.
Caridade já fiz muito, agora não faço. Não faço.
Guardo meus porcos e cobro fortuna pra quem
quiser. Dinheiro é coisa que quase nasce na terra
se souber lidar com ele, ai, deus que me livre,

GILDA – *(Para o público)* Inácio parece urso comendo. Ele gosta das coisas interiores, das coisas de dentro que não se pode ver, dos miúdos. Inácio é muito forte... Vou guardar um pouco desse angu pra Oswaldo. Ele também adora... Já Oswaldo é um pouco fraco do estômago, a pimenta vai arrasar com ele... e Oswaldo só tem é volume na barriga... barrigão.

Luz vai se apagando lentamente junto com o fundo sonoro. Gilda segue a receita.

Luz se acende junto com o fundo sonoro e Gilda está diante de um prato de salada muito bem feito. Está triste e solitária.

GILDA – *(Para o público)* Alvinho não veio. A salada vai toda fora...

Luz vai se apagando lentamente junto com o fundo sonoro. Gilda olha o prato de comida.

Luz se acende com o fundo sonoro e Gilda está fazendo um omelete.

GILDA – Não tem nada de comida hoje. Só omelete. De noite é sopa. Quem não quiser que coma em casa.

Luz vai se apagando lentamente junto com o fundo sonoro. Gilda bate o ovo no prato.

Luz se acende. Gilda está alterada olhando para o público apoiada firmemente na mesa.

GILDA – *(Lendo o livro de receitas)* Filé mignon ao molho madeira e champinhom: 750 gramas de filé mignon numa só peça a parte mais grossa. *(Para si e para o público)* Se a Cacilda souber que vou fazer filé mignon pro marido dela, ela me esquarteja de vez. *(Lendo)* Dois dentes de alho, duas colheres de sopa de vinho madeira, sal e pimenta a gosto, duas colheres de sopa de manteiga e uma cebola grande cortada em rodelas. *(Em outro tom)* Detesto cebola. Nunca sei se estou chorando por causa da cebola ou por outro motivo. *(Entra fundo sonoro que vai baixando junto com a luz)*

Luz vai apagando lentamente ao mesmo tempo em que Gilda segue a receita.

Luz se acende junto com o fundo sonoro. Gilda está preparando um prato para Inácio.

GILDA – Angu à baiana: um quilo de fubá, uma rabada inteira (cortar o rabo do boi nas juntas dos ossinhos), um quilo de bofe que é o estômago do boi, ou será o intestino? Ou o pulmão? Que coisa... Não importa. Um coração de boi inteiro, quase bonito comer coração inteiro... Bom, lavar todos esses miúdos e temperar ao vinhod'alho e sal. Deixar de um dia pro outro. Meio vidro de azeite de dendê. Pimenta a gosto. Inácio vai pular da cadeira...! *(Gargalha)*

aqui da vila, não comem direito e não pensam direito. Quando eles vêm me visitar dou sempre um jeito de dar um pedaço de qualquer coisa, dou uma maçã ou uma banana, passo patê no pão. Patê sou eu que faço. Patê de fígado de porco. Tiro a gordurada toda, não tenho atração por gordura. Já Inácio prefere a gordura da carne sem a carne. Alvinho gosta de bife grelhado com umas folhas de agrião. Ismael, a Cacilda nem sabe, uma idiota a Cacilda, Ismael gosta de boi moído na brasa. Diz ele que a Cacilda nunca fez um boi moído na brasa pra ele. Fico besta como homem come. No começo eu ficava pasma, agora me acostumei. Tenho até atração por homem que come muito. Eles vêm aqui, me ajudam com os porcos e com as galinhas e eu dou de comer. E eles comem. *(Grita com Cacilda. Som de galinhas, cachorros e roncos de porcos)* Que qui é, hein, Cacilda?! Tu vai ficar podre, vai pra debaixo da terra ser comida pelos vermes, tu não sabia, não? Ihhhh, tou com u'a pena de você, Cacilda! Não fala assim comigo, não fala assim comigo, não fala assim comigo pode parando, não fala assim comigo me deixa em paz...

Gilda não para de falar. A música vai cobrindo o texto junto com o barulho dos bichos. Luz vai baixando até o blackout.

Luz se acende. Gilda está preparando um prato para Ismael.

começa, não sei nem pra onde é que se pode ir. Tou falando mesmo é dessa guerra aqui, da minha vila e da minha cidade. *(Para as vizinhas)* E essas troncheiras tão pensando que eu tenho medo delas, que por isso não saio de casa, elas que tão todas doidas pra ver sangue rolar e me pegar pra culpada das suas angústias. Mas elas pra mim não são nada demais, porque eu vou sair quando eu tiver uma solução pra acabar com tanta miséria e sofrimento no mundo, ai, daqui há um tanto eu vou ser crucificada qui nem Jesus por falar desse jeito, me chamam de louca, descontrolada, desequilibrada, mas cá estou esperando. Esperando todo dia novidade de paz, de sossego, tenho tanta palavra na cabeça que me irrito, se eu fosse escrever um livro ia ser escritora mal-humorada. Mas o que me dá alegria é cozinhar pros outros, meu filho come muito bem. Alegria de mãe é ver filho comer bem sem reclamar, ou não é? Toninho quando era pequeno tinha muita ânsia de vômito quando colocava qualquer coisa na boca, eu não sabia o que era o que ele sentia. Eu falava: tá comendo muita porcaria por aí, tão te dando muita porcaria, num sei onde tu vai parar, e ele vomitava todo o almoço. Mas eu fazia tudo de novo. Quando ele era mais meninote então, eu corria atrás dele de prato e colher na mão, se ele ia pro banheiro eu ia atrás e dava comida no banheiro mesmo e ele comia, Toninho nunca ficou sem uma refeição. Aprendi assim com minha mãe que valorizava muito estômago e cabeça da gente. Os moleques filhos dessas donas ameaçou Salomão a fazer com a criança, já qui tu pensa que é a dona dele. Cacilda é daquelas que esconde dinheiro, o Ismael me falou. É daquelas mulheres que roubam muito dinheiro do marido e guardam pra fazer não sei o quê. Cacilda tem nojo e asco, por exemplo, daquela gente que fica logo ali no lixão no meio dos urubus catando o que dá pra catar. Queria é dar uma galinha e um porco pra cada um desse pessoal, mas eu não sou Jesus Cristo, e não vou resolver a miséria do coração de ninguém. Meu pai falava que miséria é problema do governo, mas não é só do governo, não. Miséria é coisa antiga como o mundo, disso eu sei. A gente já nasce devendo e pecando, mesmo se tiver muito o que comer. E eu que sempre como com culpa quando vejo descer do morro aqueles meninos magros, mortos de fome, com barriga inchada de verme, aquelas crianças feias e quase mortas, criaturinhas na tentativa de ser da família e ganhar diploma de ser humano. É melhor eu ficar em contenda aqui comigo mesmo a sair falando por aí o que não deve. Eu tou é amarga, revoltada. Mal amada eu não sou, não, porque homem não me falta, sou chamada de puta, sirigaita, saracura, mas tou com meu coração aberto pra quem quer que queira beijar o meu coração. Às vezes penso que num sou desse mundo, queria arrumar minhas trouxas e ir embora definitivamente lá pras bandas da mamãe no meio do mato. Agora com essa história de guerra toda hora, guerra de vizinha, guerra na cidade, guerra que para, guerra que

coçar o saco ou roncar no meu ouvido a tarde
toda. Tá tudo muito errado. A vida tá muito
truculenta, desinteressante, muita miséria, muita
mediocridade, eu sou medíocre também, eu sei,
quem não é, mas não tenho a alma medíocre,
faço tudo o que eu bem quero e o que bem não
quero. Por exemplo, tem dias que como muito,
tem dias que não como nada. Tem dias que o
Inácio come a tarde toda comigo, tem dias que
é o Ismael. O Alvinho não aceita nada. Mas não
é cerimônia do Alvinho, não. É dele mesmo
essa coisa de não aceitar. O Wallace é comilão
por natureza, aceita tudo, e até o que nem é
pra aceitar ele aceita. Outro dia fiz receita nova,
fiz carne assada com recheio de abacaxi. Meus
porcos eu não como. De jeito nenhum, carne
aqui é carne de boi ou de galinha. As minhas
galinhas eu como, porque eu não tenho pena
delas. Galinha é bicho esquisito, parece que não
pensa, vive em devaneio, por isso eu como todas
que eu posso, galinha é mesmo feita pra ser
comida, assim, como vítimas da humanidade.

*Barulho de galinhas alvoroçadas, porcos gritando,
roncando e tudo mais. Todas as vezes que os animais
fazem barulho, Gilda grita com as vizinhas.*

GILDA – Que qui é?! Que qui vocês querem
de mim se eu nem sei o que eu quero de mim,
inda bem, inda bem, ainda bem que tou viva!!!
Vivíssima!!! E só eu sei como tou viva! Que qui
é, hein, Cacilda?! Tá exasperada à toa. Pega
teu marido e corta em dois assim ó como

si mesmo, e eu fico exasperada com realidade
sangrenta porque eu gosto muito de amor e de
beijo na mão. Sou delicada e enciumada. Mas
ando com medo de vento, ando com medo de
tempestade, minha alma teme até sombra de
avião, barulho de eletrodoméstico em curto-
circuito. A vila toda anda com medo porque os
carros da polícia não param de rondar o pé do
morro. Eu tou é preocupada com o Wallace. É,
o Wallace. O Wallace é o policial que não sai
daqui da esquina. Não sei o que dá em alguém
pra querer ser policial. Wallace vem aqui, ou
melhor, ele vem ali em frente visitar a Jandira.
Jandira depois que recebeu a herança do pai
dela, mandou o marido embora e ficou sozinha
tendo vida independente, assim tipo fina,
não fala com qualquer um, não, não olha pra
homem nenhum, não, a não ser pro Wallace
que vai de farda todo dia na casa dela. Ele veio
aqui também. Gostou de mim. Disse que eu
sou flor que se cheire. A Jandira também ele
cheira, mas eu sou flor que se cheire inteira,
que nenhuma mulher aqui tem meu cheiro. Eu
deixei ele me cheirar, vou fazer o quê. Agora ele
vai na Jandira e vem aqui também. Eu admiro
muito a Jandira, u'a mulher de fibra a Jandira,
não é igual a essas sovinas de marido, achando
que família formada e instituída traz felicidade
e segurança, se outra guerra explode, explode
o mundo e voa família, voa homem, voa tudo.
Todas elas pensam que eu sou mulher de roubar
os homens dela. Estão tudo mais que enganadas.
Não quero homem pra deitar no meu sofá e

fechados pra ele me vir beijando do dedo do pé
até o cabelo. Eu fico é parada, é o que eu tenho
pra dar pro Alvinho. Pra cada um eu tenho uma
coisa pra dar. No fim é tudo igual.

GILDA – O que acontece é que não posso
sair na rua. As mulheres da vila tão tudo me
esperando com as mangas arregaçadas. Inda
bem que mandei o Toninho passar uns dias
com a vó. Senão ia ficar aqui vendo a mãe dele
ser maltratada, estropiada. Tou numa solidão
que só eu sei. Essas mulheres troncheiras, de
apetite ferino, castradas até na alma. Eu crio
porcos e elas que criam seus homens como
se fossem porcos. Eu não era pra estar aqui
nesse lugar, no meio dessa gente ingrata e sem
futuro, eu era pra ser artista de cinema, vestir
vestido longo vermelho e usar piteira de âmbar.
Mas tou é sentindo a mesma coisa que senti
quando ouvi no rádio que os Estados Unidos
ia invadir o Iraque, que ia ter morte sangrenta,
que ia morrer todo mundo, e eu que tenho a
impressão que vou morrer nessa guerra aqui
da minha vila, no meio das minhas galinhas e
dos meus porcos que não fazem nada nem por
mim, nem por eles, a não ser morrer pra eu
ter uns trocados. Essas mulheres pensam que
é coisa do Diabo andar com sangue de galinha
correndo no dia a dia, eu devo ser é alguém que
satisfaz o interesse humano por sangue e morte,
já que esses filmes americanos não estão mais
satisfazendo os sanguinários, então está tudo
virando realidade, e cada um sendo a vítima de

sentimento do Alvinho. Mas o Hiram me leva de vez em quando no carro dele pra eu vender carne de porco e galinha na feira além do aviário que compra minhas galinhas vivas e mortas. O Alvinho diz que eu não tenho cheiro de galinha apesar de eu viver depenando as coitadas. Todos esses homens gostam de comer muito. E gostam da minha comida. E do meu cheiro. E do cheiro da minha comida. O Inácio diz que a minha casa tem é jeito de família apesar de eu viver sozinha, mas a minha casa tem jeito de família porque se faz fumaça. Esses homens todos têm muita atração por fumaça de panela e por mulher que faz fumaça. O Alvinho é o único que não come muito, por isso que gosto mais dele, é magro que nem caule de bananeira. Branco como a parte de dentro dos jambos e os olhos de jabuticaba ou azeitona preta. O Oswaldo disse que eu só falo de comida que tudo que eu digo tá ligado à comida. Eu tive até medo, porque fiquei com receio de engordar. O Inácio diz que a coisa mais bonita em mim é que eu sou rainha, tipo rainha que cuida bem dos súditos e dos filhos. Ele deve pensar que é meu filho, não sei o que passa na cabeça desses homens sem vida interior, sem segurança e amor no coração, esses homens sozinhos que procuram mulher pra acabar com a solidão da vida deles, pra ficar no lugar da mãe, mas nem um pouco eles tão interessados em receber a solidão de mulher alguma, querem é tudo, menos solidão. Já o Alvinho me quer o tempo todo calada, de olhos

enxergam as tristezas da gente, porque homem
normal, esses que dormem a tarde toda não
olham no olho de mulher porque eles são mais
que mulher até, nem gosto de falar assim desses
homens porque dá tristeza no meu coração,
porque eu não sei mais o que fazer, por exemplo,
com o Hiram, o Hiram abriu uma academia de
ginástica aqui na rua e me dá uns dinheiros sem a
noiva dele saber, o Hiram é o mais bonito e
também o mais burro, mas eu recebo como uma
graça a beleza, a burrice e o dinheiro do Hiram
porque é o que ele tem, o que eu posso fazer? Cada
um com a sua miséria. As velhas da vila querem o
Hiram inteiro pra elas e não têm, os homens ficam
tudo de olho no Hiram pra pegar ele quando ele
der sopa. Eu não quero mal ao Hiram de jeito
nenhum e o Hiram é quase flor sem cheiro, tenho
u'a pena de gente que não tem cheiro, gente que
passa assim e que ninguém sente, sabe, mas quando
o Hiram vem aqui eu enterro minhas unhas nele,
ele não entende, diz que eu gosto de sangue, que
assim não dá, disse que eu pareço mulher assassina
de matar homem dormindo e coisa e tal. Gritei
com ele, falei que ele tá igual a Cacilda que disse
que eu matei meu pai, logo meu pai que me deixou
essa casa e esses porcos e as galinhas, ai de mim não
fosse os ovos que vendo e também a morte dos
porcos e das galinhas. Quem me ajuda é Inácio.
Inácio segura os porcos e eu enfio a faca.
Oswaldo ajuda e o Ismael também. Não dou
nada de dinheiro pra eles, dou uns beijos no
peito, o Alvinho não gosta de ver sangue, ele eu
protejo até a morte, não quero nunca ferir o

sim, deve ter feito parte com o Diabo e outras dessas coisas, não que eu ache que Deus não seja bonito porque Ele é o Senhor da Beleza, minha mãe dizia, mas o que eu quero dizer é que esse jeito de achar corpo humano bonito sempre dizem que é coisa do Belzebu, e o corpo do Ismael é coisa fina de pedir misericórdia. Terrível o passo lento que solta daquele corpo quente e azeitado. O único problema é que ele não é muito chegado a banho. Mas diz ele que é pra Cacilda não chegar perto dele, que foi por isso que ele foi embrutecendo, embrutecendo, fenecendo, fenecendo, mal amando a vida, tudo por causa da Cacilda e da mãe da Cacilda, e a mãe da Cacilda eu tenho u'a pena da mãe da Cacilda, ela sim é que deve ter pacto com o demônio e tudo mais. Tem cabelo entre os seios, eu vi. A mãe da Cacilda tem cabelo entre os seios. Aquilo não é coisa normal. Dá assim uma estranheza nos olhos da gente, parece que ela é de outro mundo com aqueles cabelos nos seios, não é pouco, não, é muito cabelo. Tem o Alvinho, o Alvinho me disse ontem que eu cheiro muito bem e que não tou aí pra sofrer na mão de malandro que não quer nada, que ele me quer deitada do lado dele feito flor de campo, me chama de ingênua, eugênia, genuína, janaina, virgínia, calêndula, anêmona, amêndoa, tudo isso ele me chama, cada nome bonito que eu nem acredito. Alvinho deve ser alguma coisa de poeta porque ele disse que eu tenho os olhos tristes, que eu tenho qualquer coisa de triste, e eu sei bem que só esses poetas é que olham e saudade, isso sim! Com aquele bigode negro e cheio, tão bonito o Inácio. Ourives. Inácio é ourives. Entra pela porta dos fundos o Inácio. É, ele também é casado. Fica vesgo só de falar na mulher porque ele tem aquela doença nos olhos, como é o nome, estrábico, Inácio é estrábico. Fica muito vesgo, gente estrábica parece que vê o que a gente não vê, Deus que me livre. Eu acho gente estrábica bonita. A Cacilda já já vai gritar do muro dela qualquer coisa só pra ver o que qui eu tou fazendo, manda os filhos me pedirem farinha ou então azulejo pra consertar a parede da cozinha dela, só porque eu fiz obra na minha cozinha e sobrou azulejo então acabo sendo obrigada a dar, porque senão, além de dizer que eu tenho pacto com o Diabo, vai dizer que eu sou sovina e Cacilda dá escândalo e tudo mais se souber que o Ismael que é o marido dela teve aqui em casa semana passada, o Ismael é muito feio, tem uma cara que não foi feita aqui na terra, as orelhas de burro do Ismael, a boca torta do Ismael, os cabelos mal cortados e também os cabelos do ouvido e do nariz, não corta as unhas, não lava o rosto quando acorda, não escova bem os dentes. No dia que ele veio aqui ensinei tudo pra ele, ele fez tudo o que mandei, voltou outro pra casa, de cabelo cortado, de unhas feitas, ficou até com mais amor nos olhos, a Cacilda tinha que me agradecer, mas se ela não podia saber que o marido dela veio aqui me ajudar a matar os porcos, o que eu posso fazer? Tudo na cara do Ismael é feio, mesmo depois de arrumado, mas o corpo... o corpo do Ismael é de outro mundo, ele idade porque andou percebendo na minha cara umas rugas, e nos meus cabelos alguns fiapos de branco. De cabelo branco. Mas velha eu não tou. Velhice é na alma. A Cacilda anda espalhando pra todo mundo que eu tou de pacto com o Diabo, deve ser por causa da minha criação de galinhas e porcos e por tanto sangue que corre aqui na minha casa. O Inácio vem todos os dias após o trabalho e me cumprimenta com um tapa na bunda. Eu não sei se gosto. Quando ele bate dá aquilo assim, uma ardência, claro, mas dá aquilo assim, meio uma revolta, um despudor, uma vontade de bater também, é, o que eu sinto é meio antigo. Mamãe também gostava dessas coisas, de tapa, quero dizer. Mas Inácio não gosta de tapa. Oswaldo diz que eu sou moça inteligente que eu mereço flor todos os dias, que ele nem se incomodava de gastar dinheiro tudo com flor, que ele é homem de agradar mulher mais que tudo, e em primeiro lugar pensar na família e construir uma casa com uma fachada rosa escrito em branco: Lar de Gilda. Gilda é meu nome. Gilda sou eu. Mas eu disse pra Oswaldo que nem tampouco ele é sincero, porque senão já me estava dando as flores que ele fala e nem tampouco ele vai casar comigo porque ele já é casado, então nem vai construir uma casa com fachada rosa escrito Lar de Gilda. Será que Oswaldo quer me dar uma casa sem casar comigo? Eu vou pensar depois sobre isso pra ver o que eu faço. Porque tem o Inácio. O Inácio é negro lindo, mameluco. Não, mameluco, não, caboclão, não, nem tanto, um mestiço de dar

GILDA – A gente assim dentro de casa, vez em quando esquece até que é gente. Esquece tudo, esquece país, data de aniversário, comemoração cívica, esqueço até da minha dor no estômago que sempre atacou nessas horas de angústia. Devo estar até curada. Mas angústia por angústia é angústia que se sente e não tem jeito. Se eu não tomo cuidado vou deixando de ser humana. Nem me olho mais no espelho pra ver quem eu sou. Não que eu tenha deixado as coisas da vaidade. É de outra coisa que estou falando e que não vale a pena estender. E o que eu sou e o que eu não sou, não importa, nem sei mais o que sou, bobagem, acho tudo bobagem, isso que eu disse, mas já foi. Andam dizendo por aí que eu sou perigo, encarnação de Maria Madalena e tudo mais. Sofro. Sofro como Jesus sofreu. Sofreu porque quis, sofreu porque tinha coragem, sei lá, ou porque representou a miséria humana que pelo que vejo já passou do ponto. Sei que não quero ser Jesus, muito menos a Virgem Maria. Mas coragem não me falta. Sou renitente. Fico aqui trabalhando com morte e com pena. Daqui há um pouco o carro do aviário vai chegar pra levar as galinhas. Já matei e depenei dez numa manhã. Os porcos, não.
Os porcos são complicados, preciso de ajuda de homem. Preciso da força masculina. E coloco tampão nos ouvidos, porque nunca vi coisa mais assustadora que grito de porco antes de morrer. O Inácio é um que me ajuda. O Inácio anda me perguntando a idade. Eu não respondo. Ele vê. Vê que eu não respondo. Tá interessado na minha

PERSONAGEM
GILDA

Uma música para a entrada de Gilda. Ela entra em sua cozinha vestida com seu avental sujo de sangue e facão na mão.

ColeçãoPalco
Sur Scène

OS ÚLTIMOS DIAS DE GILDA

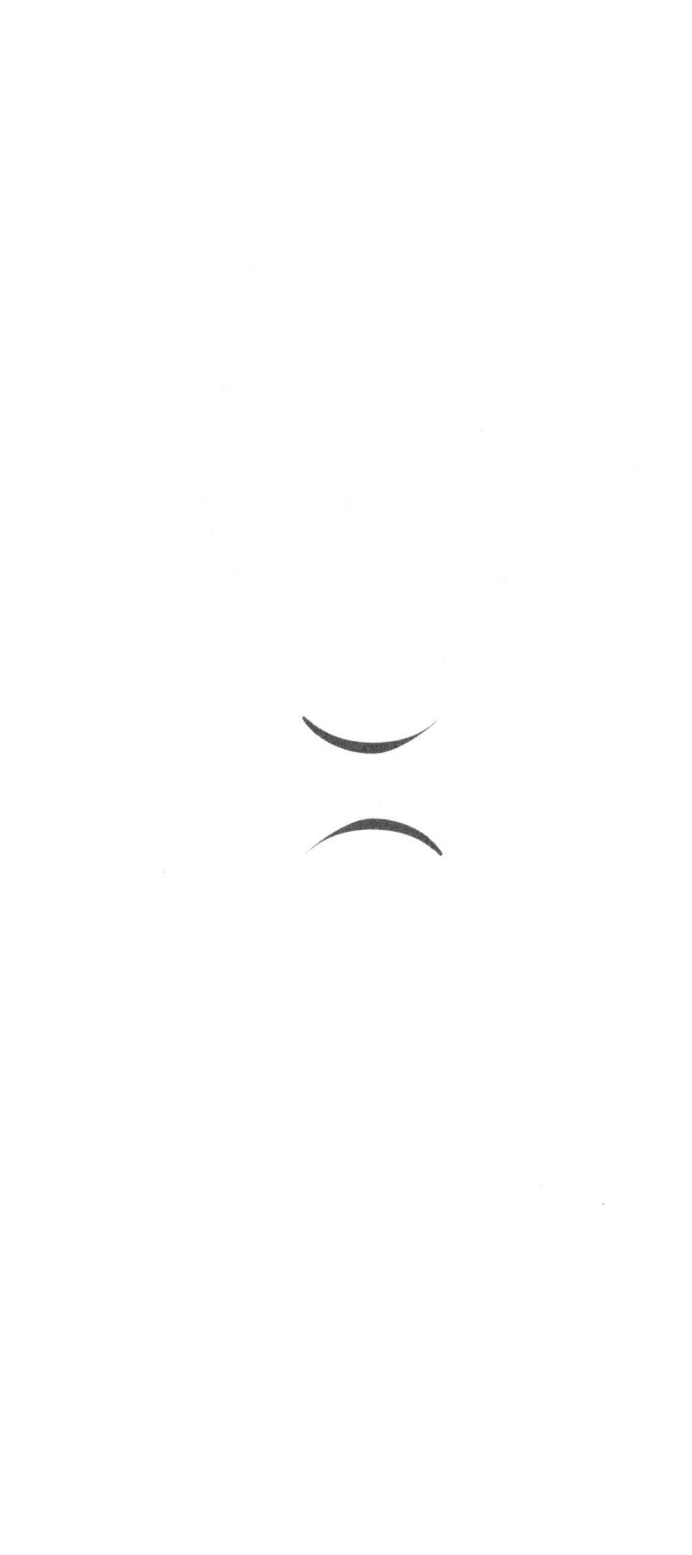

ÁGUIDA – Agora que estou limpa e asseada, espero que cheguem.

ÁGUIDA – Ficarei aqui sentada esperando que venha o final do ano. Não que eu pense que ao final do ano tudo será melhor ou que eu aguarde surpresas. Mas espero o final do ano porque é nessa época que o moço canta. Talvez antes disso ele venha me visitar. Ele já disse uma vez que vinha. Ele se parece com meu marido. Não, se parece com meu filho que morreu. Quando meu filho morreu? Não importa. Ao final do ano todos vão chegar. E se terá uma grande festa. Nos sentaremos à tarde à porta da casa e à noite assistiremos ao *show*. O moço vai cantar. Roberto...

Senhora Coisa sorri como se assistisse ao moço cantar. Silêncio. Luz vai baixando. Blackout.

Rio de Janeiro, 2001.

Tudo de luz apagada. Nunca vi meu marido nu. Só quando ficou doente. Tinha tanta ternura por meu marido. Era tão doce. Uma vez, ele não me viu. Mas eu me vi. Subitamente eu me vi no espelho. A imagem era de uma mulher de peito nu com colar de pérolas no pescoço. Uma mulher muito bonita. Meu marido não viu.

ÁGUIDA – Onde se pode dizer essas coisas que se vive? Quem me escuta? Eles vão chegar. Não demorará muito. Quando eles chegarem vou fazer reunião, vou tirar meus dentes para que eles vejam o buraco que eu tenho na boca. Eles não vão gostar. Mas vou tirar para dizer o que eu tenho que dizer. Ou então mostro a coisa preta como mamãe fazia. Mamãe vem vindo, gosta de cantar a velha. Cantava de pé, cantava sentada. Cantava demais. Cantava todo mundo. Uma caridade, mamãe. Horácio vem vindo. Deu no crânio de mamãe. Alma infernal, esse Horácio. Ah, minha vida, tanta ternura por minha vida. Eu compreendo bem a todos. Sou uma caridade. Um moço! Que todo final de ano canta na televisão. Chora tanto, o moço. Deve ter perdido alguma coisa. Eu também perdi qualquer coisa. Não é difícil. Perde-se. *(Tira os seus chinelos)*

Ritual do banho. Pequena entra com roupão, toalha, bucha. Tira a roupa de Águida e carinhosamente senta-a na bacia. Música. Pequena a ampara, a enxuga. Silêncio. Águida caminha até a beira do palco onde senta. Pequena vem logo depois.

ao chão, presos ao mesmo chão que pisoteiam a
própria merda, à merda, à merda, todos os que
chegam e os que não chegam. Estão famintos
e sempre serão famintos. E eu. E eu? Eu sou a
pequena. Sou muito pequena.

*Pequena prepara o palco para o banho de
Senhora Águida. Pequena traz uma bacia
grande de alumínio, coloca água. Águida espalha
definitivamente todas as toalhas pelo palco
enquanto diz o próximo texto.*

ÁGUIDA – Tão bonita essa Pequena. Está tão
boa. Ajuda-me a lavar o meio das pernas. Sua
mão é macia. Estava reparando uma coisa:
As negras têm bunda grande. Nunca falei
bundas. BUNDA… BUNDA… Ninguém
me ouve ninguém me ouve ninguém me ouve
ninguém me ouve ninguém me ouve. Tudo
vale tanto perto da morte, qualquer palavra,
qualquer nome. Acho que vou morrer. Um velho
sempre pensa isso. Que vai morrer. Quem vai
morrer? Quem pode saber que vai morrer? A
Pequena vai morrer. Ouvi um deles falar que a
Pequena era… era… GOSTOSA! A Pequena é…
GOSTOSA!! Ninguém me ouve ninguém me
ouve ninguém me ouve. *(Quase assustada)* Pode-
se viver? Ouvi isso. Pode-se viver de vez? É isso?
É isso. Ninguém pode… ninguém pode… comi
muitas flores. Ninguém come. Ninguém come.
O que seria das pessoas se não comessem? Vício.
Todos eles aqui têm este vício. *(Para na frente da
bacia)* Meu marido me ensinou muitas coisas.

enrolada numa fina camada de papel na janela
do meu quarto para que na manhã a casa esteja
impregnada do odor exuberante de tudo o que
tenho dentro de mim. Nada disso os assusta.
O tempo os faz compreender. Fazem força para
que tudo caiba dentro de seus entendimentos.
Se uma pessoa fede a merda e se com um mesmo
tanto pega a merda entre os dedos que usa para
tocar um alimento e se com mais um tanto come
a merda que não passa de mais uma porção de
tudo o que se é, então o que se pode querer, o
que se pode ser, o que se pode comer de vivo e
magnífico neste mundo? Acho que eles não são.
Todos não tem. Eles não estão. Eles não morrem,
eles demoram mito a morrer. É meu aniversário.
Aniversário de quem, se todos os dias me dão
parabéns após o banho. Todos os dias. Eles
chegam, me enchem de beijos, escolhem a roupa
que devo usar, andam pela minha casa, comem
minha comida, dormem na minha cama, tomam
meu café, me dão banho, lavam-me inteira,
esfregam minhas pernas, meu cabelo, não sei o
que querem com meu cabelo, não me deixam
mijar, não me deixam cagar, não me querem
andando, não me querem comendo demais, me
dão miudinhos, falam meu futuro, resmungam
coisas, brigam entre si, odeiam a si mesmos, são
incapazes, são indecentes, são jovens demais,
estão jovens demais e fracos demais, fracassados
demais, não suportam o fracasso, como estão
jovens, serão sempre jovens até que aprendam a
catar a merda com a mão. Ah, meus filhos, meus
filhos cagões, bolos de merda petrificados, presos

impossível e dizia peido mesmo. Mamãe fazia o que queria. Mamãe era terrível. Mas não é nada demais o que acontece comigo. São gazes, só isso. Saem todos quando passo na cozinha. O que fazer se eles resolvem sair justamente quando eu passo na cozinha? A Pequena finge que não ouve. Pensa que tenho vergonha. Deve achar humilhação para uma velha não Ter controle do que lhe escapa por trás. Talvez ela não entenda o que sai dela.
Deve ser isso. Mas cada um na sua condição.

Luz em Águida que está no centro do palco.

ÁGUIDA – É meu aniversário. *(Música triste)* Aniversário de quem? Agora lembro do dia de hoje. Não é exatamente o dia de hoje. Tenho que achar. Daqui há pouco eles me dizem quantos anos eu faço. Não sei como ainda não me presentearam com companheiros de idade num asilo... Eles estão aqui para isso. Nem preciso me preocupar. Estão sempre a me dizer coisas. Estão sempre querendo me provar que eu esqueço das coisas, que não sei mais das coisas. Por outras, vão me dizer que eu vou morrer. Isso não é nenhuma novidade. Não vão sossegar enquanto não me virem no meu gracioso leito de paz sobre a terra. É assim? O cortejo da morte é mais fascinante. É assim que se diz? Terão todo o meu dinheiro. Mas são meio burros, se eles já tem todo o dinheiro que querem. Eu os amo.
Eu nunca disse que os amava. Talvez até morram primeiro. Tenho vontade de andar cagada. Mas nem isso os repele. Já fiz pior, guardar a bosta

Volta com um rolo de papel higiênico.

ÁGUIDA – Preciso de mais tinta. Tinta, por favor. *(Para a coxia com voz mais alta)* Pede um bolo de fubá e café! *(Noutro tom)* Qual era o meu nome de casada? Eu não sou mais essa, não. Eu não sou mais essa que era eu. Sempre fui isso.

ÁGUIDA   As coisas estão cada vez melhores. Muito pior assim. Que fique tudo ruim de uma vez, porque eu estou toda ruim. *(Para os pássaros)* Eu estou toda ruim, meninos, toda ruim, e as coisas melhoram, pioram, mas não acabam. Falo isso porque ouço dizer que está tudo muito ruim por aí. Não sei em relação a quê. Mas disseram. Dizem muitas coisas. Mesmo sem nada a dizer. Ficam dizendo mensagem de consolo, procurando um culpado. Quem é esse tal de culpado? Também ficam procurando uma saída. Saída de onde, por onde, se não sei nem como entrei? Dizem que a saída é Jesus. Como a saída pode ser um homem? E ele não morreu? Logo o marido da Celestina. Sempre pegam um bobo para a berlinda, não respeitam nem os mortos. Eu não saio. Aqui está bom. Eu não. Eu falo. Ninguém sabe. Ninguém me ouve. Melhor assim. Vez em quando eu rezo. Que eu também não sou de ferro. Devo ter uma pequena alma em mim. Vou andando com ela. Eu ando com a alma atrás. Parece que às vezes ela me escapa. E não é só ela. Escapam-me outras coisas. Não sei bem o que são, em princípio são gazes. Flatos, mamãe dizia. Outras vezes ela estava meio

ÁGUIDA – *(Num sobressalto)* Tem um que canta. Ligo a coisa e ele diz: Águida, Águida! Esse é meu nome. O dele eu não sei. Muito bonito. Sempre tenho coisas para dizer para ele e não dá tempo.

ÁGUIDA – Disse que hoje vinha me visitar. *(Começa "Música Suave" de Roberto Carlos para sua alegria profunda. Sorriso da Senhora)* E quando vier vou dizer o que quero dizer. Vou dizer que o amo. Meu marido não gostava dele. Dizia que seu canto parecia choro. Eu sei. Eu sei que tinha uma dor dentro dele. Uma dor incurável. Tão nobre. E eu o amo. É muito meigo... me viu nua. Não tive vergonha. Não tive vergonha. Vergonha...

ÁGUIDA – *(A música para. Tom de fofoca*) Falando em vergonha. Zuleica vai casar. Tem vergonha do filho. Vai casar e já tem filho. Dizem que o pretendente a marido é pastel. Pastel é muito bom. Uma pessoa não pode ser pastel.

ÁGUIDA – Isso tudo está ficando horrível! Quando é que acaba? Isso tem que acabar! Ou eu acabo com tudo agora mesmo! Querem ver? Vou-me embora. *(Meio revoltada, sai do teatro)* Ninguém me diz quando tenho que ir. Ninguém sabe me dizer. É muito cacique para pouco índio. Deixem as pessoas em paz! Deixem em paz! Eu tenho muita pena das pessoas! São muito bonitas! *(Sai pela porta principal)*

meu filho engolia coisas e era meu filho caçula
e era o mais belo de todos, morreu... Morreu.
Esse Getúlio morreu. Morrem. Os imperadores
morrem. Os heróis também. Eu vivo para contar.
E vocês que estão mortos e não sabem. Você que
está azul e você que está branco. Os dois com
azia. Vão morrer... eu sou uma pessoa renitente.

ÁGUIDA – Morrer? Não, eu não quero que
morram. Vou dar café antes. Café é o que
sustenta a vida. E cigarro. Todos fumam. Eu
nunca fumei. Tive asma. Meu marido fumou
desde os 16 anos. Naquela época se era homem
cedo. Era muito bonito. Jovenzinho. De terno
branco. Foi preso. É, meu marido foi preso.
Levou palmada na Ilha. Uma vez eu quis dar
palmada no meu marido. Não sei por quê. Deve
ter sido amor.*(No mais exagerado deboche)* Eu
sempre fui comunista e meu marido não sabia.
Participei da ação por aí. *(Volta para sua verdade)*
Se Deus me ouvir falando assim estou perdida.
Mas ninguém me ouve. Quem virá me socorrer?
Queria aprender a gritar por socorro. Será que
vale a pena? Mas quem chegará primeiro?
Meu marido morto ou eles que estão vivos?

*Águida acaricia suas toalhas. Música. Espalha
algumas toalhas pelo chão e derrama um vidro
de tinta vermelha inteiro sobre uma das toalhas.
Atravessa o palco levando a toalha suja. Volta para
pegar mais outras. Pequena entra e as coloca no
lugar. Isso se repete algumas vezes, até que Pequena
se cansa da brincadeira e sai. Águida, como se nada
tivesse acontecido, para ao centro do palco.*

ÁGUIDA – *(Volta)* Porque eu cuidava dos filhos e ele do dinheiro e das pessoas por onde ele andava ah meu marido muito bom meu marido se Deus ouvisse eu falando assim nem sei o que seria de mim mas meu marido era muito bom e tão bom que era difícil brigar com ele corretíssimo amigo da família do Estado de Deus dos homens mas eu o detestava ninguém me ouve ninguém me ouve ninguém me ouve ninguém me ouve mesmo e eu falo e ninguém nunca mais vai me ouvir porque nunca chegam e eu estou aqui eu e a Pequena tenho tanta vontade de fazer tanta besteira a Pequena toma conta da casa se ela quiser rouba todo o dinheiro porque eu sei que tem dinheiro escondido ninguém sabe mas já joguei muitas notas no lixo para pensarem que foi a Pequena porque ninguém me dá dinheiro algum e foi meu marido que deixou dinheiro para mim e o senhor meu marido eu o achava um chato não gostava de música alta falava mal das irmãs chamava meu filho de comunista ele e aquelas irmãs que nunca tiveram marido e nunca se deitaram com um homem na vida não raspavam as pernas e nem as axilas os dentes amarelos como dentes de mendigo falavam de política no meio de um bando de homens como se fossem um bando de homens falavam mal de Getúlio na minha frente vê se vão fala mal de Getúlio na minha frente voltei muitas vezes de lá chorando e meu filho comunista quis bater em todas elas meu marido também odiava Getúlio e um de meus filhos que não era comunista porque sempre me disseram que esse meu filho engolia coisas e eu nunca soube que

Qual dentre os meus filhos morreu? Onde estão os outros? Tudo igual, tudo parecido que nem sei qual morreu. Onde estão os outros? Eu sei onde estão. Estão com as outras. As feias. Lembro de uma. Ela sabe que eu lembro dela. Meu filho está com a que pensa que eu não lembro dela. Mas eu lembro. E vou lembrar sempre. Bonitinha, ela... e suplicante. Faz-se de vítima. Finjo que não sei. Faço-me de boba para viver. Sou dulcíssima. *(Pequena sai)* Daqui há um pouco ela estará aqui. Tenho que lavar as mãos. Se soubessem o que faço com essas mãos... Preciso estar limpa e asseada, isso é o que vale. A Pequena que disse. E eu digo que vai ser tarde quando chegarem. Como demora a Pequena. *(Pequena entra varrendo)* É a única que vem sempre. Dei um beijo nela. Dei um nela. Dei uma coisa nela. Dei nela. Se fosse mais jovem casava com a Pequena. É uma graça. De vez em quando diz que vai embora. E ela vai. Tem vezes que chega. E diz: olá! Eu não digo nada. Odeio essa Pequena. Então ela diz que não vai mais embora. Pois que não vá. Porque eu estou aqui e vou ficar sempre aqui. Daqui não saio. Estou esperando por eles. Que infelicidade! Eu disse isso? Coisa mesquinha. *(Pequena sai)*

ÁGUIDA – Sempre fui muito feliz. Meu marido saía de manhã às cinco e só voltava à uma da manhã direto para o prato de sopa que eu guardava para ele. Tinha dois empregos um de dia e um de noite por isso fui muito feliz. (*Tempo. Leve sorriso*)

frente do prato. Pequena amarra um longo guardanapo de cor e Águida fala sem mal tocar na sopa.

ÁGUIDA – *(Para Pequena)* Queria saber onde anda meu marido. *(Silêncio. Fala de Pequena para o público)* Ela não responde. Parece que não sabe falar. Ou então tem medo de falar. Parece robô. Trouxe minha sopa. Fica ao meu lado até que eu acabe. Se eu falar para ela fazer um curso de culinária pode se ofender, porque nunca vi uma pessoa cozinhar tão mal! *(Para Pequena)* Perguntei do meu marido! Ela não sabe. Digo que Horácio vem almoçar, ela nada. Digo que Celestina não me visita, ela nada. *(Mais alto e insistente)* Seu Clésio morreu!! Ela menos ainda. Fizeram miséria com d. Zélia, fizeram miséria. Aquela velha fogueteira! Ninguém me ouve ninguém me ouve ninguém me ouve ninguém me ouve ninguém me ouve. Velha fogueteira! Falei fogueteira! Ninguém me ouve ninguém me ouve ninguém me ouve. Fizeram miséria com a velha. Coitada da miséria.

Silêncio. Levanta uma colherada, mas não chega a comer. Larga a colher no chão para falar. Pequena está arrumando as toalhas, levanta e pega a colher. Isto se repete algumas vezes.

ÁGUIDA – Alberto, Augusto, Aroldo. São nomes. Lembro bem. Foram meus médicos. Talvez meus filhos. Estão todos velhos. Quase mortos. Os médicos mortos. Médicos não deviam morrer. Mas teve um que morreu.

explicação penso em saber das horas. Que horas
são? Quanto tempo falta? Falta muito ainda?
Alguém me compra tinta? É para pintar os olhos
dos meus filhos. Não estou louca. Disseram isso.
Eu ouvi. Ouço tudo. Mas ninguém me ouve.
Não tem jeito. É assim mesmo. Tinta vermelha
escorre. Alguém me compra mais tinta vermelha?
Na Casa Arthur vende. Quem é esse Arthur?

Volta a luz só em Águida. Apaga-se a luz da plateia.

ÁGUIDA – Mas o que eu ia dizendo, dizia para
mim mesma, dizia que não sei bem se ando com
a cabeça fora do lugar. Disseram que eu estou
doida. Ando é esquecida, só isso. Mas não tenho
problema de ficar doida. Tenho é colesterol alto,
anemia, minha pressão vai lá em cima. Que coisa,
pressão! Tem pressão em mim. desse jeito, posso
vir a explodir. Culpa do dr. Sanaka. Quem é esse
doutor? Esse homem meio irregulado, parece
que tem as vistas trocadas, um olho pequeno
e outro grande, olha no fundo das coisas, olha
no fundo de mim, esse dr. sabe o que se passa
comigo, mas não diz, esse homem não me trata
bem, posso dizer para todos os senhores, que esse
homem não me trata bem! Manda-me engolir as
coisas. Engulo, faço o que mandam. Assim ficam
satisfeitos. Gosto das pessoas satisfeitas. Quando
me tratam com humildade, eu também trato. Isso
é uma grande delicadeza.

*Pequena entra com uma bandeja com um prato de
sopa. Vai com a bandeja até a mesa e senta Águida na*

Meu cabelo sim, meu cabelo é sim, meu cabelo não vai ser de cor e eu que não sei o que essa dona quer com meu cabelo, quer que meu cabelo fique como, como meu cabelo fica sem cor, se eu não tenho mais cabelos, eu não tenho mais cabelo, e não quero ter mais cabelo, meu cabelo vai ser pintado quando eu não tiver mais cabelo, eu não quero pintar meu cabelo e querem que eu pinte meu cabelo, meu cabelo, é o meu cabelo... meu cabelo... meus cabelos são eternos... os meus cabelos... são-e-ter-nos... eu paro de pensar e eles continuam a crescer.
Dr. Sanaka. Quem é dr. Sanaka?... Celestina, Celestina tem labirintite. Seu Jesus morreu quando? Entrou um ladrão aqui e seu Jesus expulsou o ladrão rapidamente.

Luz vai caindo enquanto Pequena sai. Águida desarruma o cabelo. Mudança de luz.

ÁGUIDA – *(No escuro)* Eu preciso de alguma coisa. *(A luz se acende)* Estou sem um dinheiro... quem viu meu dinheiro? Deixaram-me sem um dinheiro. Vou reclamar para alguém. Talvez ir por aí pedindo de porta em porta. Quem viu meu dinheiro? Eles sempre querem. Muito bonito o querer. Acho tudo muito bonito...

Luz geral no palco e na plateia. Como se a peça estivesse no fim.

ÁGUIDA – Que horas são? Alguém me explique porque sou uma velha! Sou uma velha! Uma velha precisa de explicação. Quando quero

chamava Jesus. Era baixinho, gorducho, quase
careca. Muito bonito esse nome. Meu marido se
chamava Jesus. Eles disseram que tenho filhos.
Eles, quando vão chegar? Falta pouco eu sei.
Logo, estarão por aí. Tem um que é muito bonito.
São todos homens. Todos homens, coitados.
Tenho dó. Eu sou homem, *(Tosse um pouco)*
pigarro. Meu marido fumava muito. Eu tive asma.
Meu marido me fez mal. Casei e tive filhos.

Pequena chama por Águida.

ÁGUIDA – *(Irritada)* A Pequena me chama.

*Pequena entra com uma escova. Águida foge para o
outro canto do palco. Pequena, parada, espera por
Águida que senta na cadeira bem contrariada.*

ÁGUIDA – Essa Pequena tem certo prazer em
me vestir. Só falta me virar de ponta cabeça.
Falo quantas coisas quiser e se você não estiver
satisfeita que se mude. Mando, porque sei que
sou patroa e digo o que tenho o que dizer,
mesmo se eu não souber o que dizer eu digo,
o quanto eu quiser, ehhh, cala a boca também,
digo para não falar brava comigo.

*Pequena começa a pentear seu cabelos e Águida
faz escândalo.*

ÁGUIDA – Me deixa que meu cabelo é muito
do bom e não vou fazer nada do que querem e
meu cabelo não é branco, ele é negro como.

Fala diretamente para seus pássaros e bichos.

ÁGUIDA – Tenho que deixar vocês de vez em quando senão eu não suporto. As pernas doem. Vocês não sentem essas coisas. São umas graças. Querem beijinhos a toda hora. Deixem-me de vez em quando. Ninguém precisa tanto do outro. Vocês me consomem. Esqueço até de rezar. Meu marido rezava na cama, de luz apagada. E depois, já viu como ficava... Meu marido fazia tudo de luz apagada. A Pequena me diz que tenho que tomar os miudinhos. Hora deles. Acho muito bonito esses miúdos. Mas não sei quem são. Às vezes acho que são eles que me fazem esquecer as coisas. Mas não acredito. Sou muito antiga. Eu disse isso? Para vocês verem como estou. Sou antiga? *(Faz o som estranho)* Engoli qualquer coisa. A Pequena disse que já comi. Não importa se comi ou não. Tenho muito o que fazer antes que todos cheguem. Eu sei o que preciso fazer. Vou até lá. *(Águida cospe no chão)* Lá. *(Cospe de novo)* Aqui mesmo.

Águida vai até o varal de rosas que é iluminado.

ÁGUIDA – Meu marido falava *esplêndido!* São muito bonitas, todas elas. Essa é a. Ela se chama. Não sei como ela se chama. Foi meu marido quem plantou. Meu marido se chamava. Lembro do nome do meu marido. Meu marido se chamava Jesus. Não sei como casei com alguém que se chamava Jesus. Foi Celestina. Celestina é quem casou com um homem que se

Hoje um deles me disse que fui casada. E disse que tive filho. Ora, se veja. Mamãe teve muitos filhos. Eu sou a última. Última? Sim, acho que sou a última. Mamãe falou para meu marido que sua perereca estava ardendo. Mamãe fala cada coisa! Meu marido, tenho a foto do meu marido. Bonito que só vendo. Um homem sério e distinto, meu marido. Lembra aquele moço da televisão. Um que canta. A Pequena sabe. Tenho que ver onde estão minhas toalhas. *(Recomeça a pintar seus bichos)* Tinha uma outra pequena aqui. A pequena negrinha. Muito bonita, a negrinha. O fundo dos olhos brancos, os dentes brancos. Mal se ria, a pequena. Ria muito pouco. Era uma negrinha muito da esperta. Agora me lembro, uma vez riu de verdade. E como riu. Chegou a doer. Foi então que vi seus dentes. O sorriso agudo. Altíssimo. Depois ela ficou velha. Tão rápido? Tinha dores na perna, mancava. Sempre notei que ela tinha bigode. A negrinha tinha bigode. Bom, fiquei quieta. Não é tudo que se pode falar. Era da idade. Eu não tenho bigode. Tenho sinais. Agora estou velha. Ainda é cedo? Ninguém me diz. A negrinha era tão novinha. Tinha suas 15 primaveras. Queria estudar, gostava da Igreja também. Morava longe, a negrinha. E teve um dia que não quis vir mais aqui. Disse que estava cansada. Que só iria por os pés na rua para ir à Igreja. E parou de estudar, a negrinha? Creio que eu esteja falando de duas negrinhas. Então, veio essa outra. Essa Pequena. Estou com fome!

noite e ouvia atrás da porta da cozinha. Mamãe
gostava muito de música. Eu também acho
muito bonito, ele o moço. Muito bonito mesmo.
Seu nome é Roberto. Canta que só vendo.
Só vim gostar dele depois que morreu. *(Pequena
ri, debochada)* Não, o moço não morreu. Meu
marido é que morreu. Só gostei do moço depois
que meu marido morreu. Eles estão chegando.
(Para Pequena) Vão querer comer. A Pequena
não fez nada para que eles comam. Eles morrem
de fome. Toda a vida foi assim. Chispa! *(Pequena
sai, de má vontade. Foco em Águida)* Tive de ir
de novo na privada. Dizem que depois de velha
se fica mais serena, mais temperada. Não estou
vendo nada disso. Se eu ficar parada me sujo.
Tive de ir de novo na privada. Mas xixi não se
pega com a mão. Ele se mistura com a água.

*Música. Pequena entra com a bandeja que contém
um copo com água e os remédios que Senhora
Águida chama de "miudinhos". Pequena serve um
remédio de cada vez para a Senhora. Ao todo são
quatro remédios. Repetição dos gestos. A cada um
que coloca na língua toma um gole de água. Águida
acaba com a água e quando Pequena sai para encher
o copo, joga o último remédio fora. Pequena percebe
e lhe enfia outro goela abaixo. Pequena sai. Águida
permanece sentada na cadeira. Luz sobre ela.*

ÁGUIDA – Eu não gosto muito de falar. Penso
mais que falo. E isso já é um resultado. E só
falo a verdade. Não tenho essas bobagens de
mentiras. Eles falam. Muitas. Barbaridades.

estar entupida. Há dias que está assim. Com isso não posso fazer meu cocô lá dentro. Faço fora dela. Depois enrolo a massa no papel e jogo no lixo. É realmente muito trabalho porque tem dias que é uma grande massa, mas tem dias que é bem pequena que quase não se vê. Tenho outras vontades relacionadas à massa. Bem, jogo-a no lixo. Isso é o de menos na vida. Eles ficam por muito tempo na privada. A Pequena que me dá comida fica horas. E tem mania de água essa Pequena. E quer à força me lavar. Não sei o porquê dessas coisas. Sempre se tem o que não se gosta. É raro estar com tudo muito bom. Mamãe ainda agora estava com a perereca ardendo. Chiava muito. Chiava ela. Fazia uns barulhos. Mas não sei se isso foi com a Pequena. Talvez com mamãe. Se é com a Pequena está bom. É assim mesmo. Dei toalhas. Tenho muitas. Cada uma bonita que só vendo. Uma beleza.

Pequena entra organizando a mesa.

ÁGUIDA – Essa Pequena é fogo. Traz-me pão e café. Mas se fosse só isso seria muito bom. Sob a quentura do pão tem uns miudinhos. São umas graças. Creio que eles tenham culpa, esses miudinhos. Tenho que ter cuidado porque eles correm. Guardo-os dentro de mim. Caridade. São feitos para isso. *(Muda de tom, para Pequena ouvir. Pequena senta-se na cadeira e escuta)* Mas eu falei de mamãe. Mamãe era mulherona. Tocava piano para o papai. Adorava ver mamãe tocar piano para o papai. Eu acordava toda

Águida, Águida! Esse é meu nome? Esse é meu nome. Nunca esqueci. O dele eu sei. Mas acho que ele se engana. Meu nome talvez não seja esse. Mas o dele eu sei. E não digo a ninguém. Falo baixo o nome dele. Roberto. Canta que só vendo. E como é bonito. Mas estes que me olham, só de vez em quando é que são bonitos. E ficam parados como umas bestas. Estão todos brancos. Tudo muito limpo, tudo muito asseado. E parado. Estátuas. Eles devem me ver assim também. O que são para mim, devo ser para todos. Ninguém escapa. Tudo por fora, nada por dentro. Tudo oco. Eles.

ÁGUIDA – Eles estão chegando. Escuto seus barulhos. São muitos.

ÁGUIDA – *(Chamando Pequena)* Meus pincéis! *(Pequena entra e recolhe os pincéis espalhados no chão. Águida tenta segurar Pequena, que não parece ter muita paciência para escutar suas histórias e acaba saindo)* Um deles vem aqui todos os dias. Queria saber se ele tem fome. Sempre esqueço de perguntar, porque eu não tenho fome. Mas sempre me dão comida. Dão-me comida muitas vezes ao dia. Disso não esquecem. Pensam que só há isso no mundo. Que uma velha para ser feliz só precisa de comida. E banho. Mas não quero falar sobre isso. Existem muitas outras coisas, por exemplo, hoje tive muito trabalho. As coisas são muito difíceis. Porque têm de ser feitas do jeito que eles querem. Mas eles não sabem de nada. Isso é muito triste, digo, é muito triste a privada

ÁGUIDA – Ainda não tenho fome. Porque fome é uma vez que se dá. Hoje não tive. Estou esperando por eles. São muitos. Um batalhão. Ai, ai, ai Teresa! Eles não sabem de nada. Mas é assim mesmo. Têm coisas que não se sabe. E é melhor assim. Eles não são diferentes, curioso isso. São semelhantes, todos. Devem ser todos parentes. Será que se parecem comigo? Fiquei impressionada como estou velha. Um deles mostrou-me uma fotografia e fiquei muito estarrecida com a pessoa da foto. Era eu, me disseram. Eu não costumo contrariar as pessoas porque não gosto de discussão, nem quero que andem pensando que eu quero o mal das pessoas, ai credo em cruz, mas também se pensarem, não posso fazer muita coisa, e desde quando me ouvem pensando? Só sei que tem um diferente. Um moço. Como é mesmo o nome. O nome do moço. Acho que eles não sabem. Isso é comigo. Tenho que pensar. O nome é. *(Faz algum som estranho como se fosse um pigarro que sempre a acompanha)* Engoli.

ÁGUIDA – Mas o moço. Também não sei o nome dele. Sonho com ele quase todos os dias. O nome do moço eu também esqueci. É um que aparece na televisão. Canta muito bem esse moço. Fala comigo, pergunta como estou. Eu digo que vou indo, que tudo está bem. Então ele diz meu nome: Águida, Águida! Ele sabe meu nome e não esquece. Chama meu nome que é uma beleza. Mas o nome dele esqueci.
É até falta de educação porque ele chama o meu.

eu dizia para um deles que não precisava ficar
daquele jeito. Não sei qual era o jeito. *(Pequena
sai)* Mas era um jeito. Meio parado. Pensando.
Disse que não precisava ficar assim com aquela
cara de quem vê tudo, aquela cara branca.
Muito séria. Seríssima. O que fiz foi cantar.
Cantei para todos e eles gostaram. Ficaram
mudos, mas gostaram. Não se pode ser tão sério.
Não sei cantar, mas canto. Igual mamãe. Mamãe
cantava muito. Cantava de pé, cantava sentada.
Por vezes dava de cantar o Hino Nacional.
Colava a mão no peito e cantava inteirinho.
*(Águida larga os pincéis no chão para colar a
mão no peito e cantar o Hino. Canta o Hino
todo errado, os versos fora de ordem. Gargalha ao
terminar de cantar)* Mamãe fazia o que queria.
Antes do almoço cantava o Hino, de manhã
também. Não tinha muito o que fazer, cantava o
Hino. Era interessante. Disse também para não
prestar atenção em tudo o que falo. Não sei por
que disse isso. Ficam me olhando. Por hoje todos
serão brancos. Amanhã talvez sejam verdes.
Tudo se ajeita. O outro pode ficar azul por hoje.
É o único que está azul. Muito bonito o azul.
Disse agora para o que está branco para não se
sentir mal só porque o outro está azul. Ele pensa
que é o outro. Já disse que não é o outro.
Mas sei o que querem. Querem que eu seja
outros. Comigo não tem isso. Não sou outros.
Eles é que são os outros. Eu sou uma caridade.

*Breve mudança de luz. Luz acende novamente.
Águida permanece sentada.*

eles saibam. Tento que eles me expliquem, mas eles não conseguem. São muito jovens. Vejo a coisa como ela é. Que língua falam? Outro dia pensei que fosse o francês. Bonito o francês. Mas não é francês. Descobri que não é. Também se eu perguntasse para eles sobre isso, teriam um ataque e morreriam. E eu ficaria triste. Eles são muito tristes. Pensam que eu não sei. Mas eu sei que são muito tristes. Eu nunca tive tristeza. Tive outras coisas que não me lembro. Às vezes esqueço que tenho um corpo.

E quando lembro, penso em outras coisas, como: comer. Mas como para matar a fome deles. Eu não tenho tanta fome, mas se não comer, não tenho paz. Quando lembro que quero fazer algo para se comer, crio todos os problemas. Não me deixam cozinhar. E é neste momento que como. Como! Como! Como com muita pressa! E eles sossegam. Tenho mais pressa de quando eu era jovem. Eu sei que falta pouco tempo. Talvez nem falte tão pouco tempo assim. Mas não pode se perturbar com isso. Uma hora acontece. Pronto. Todos choram, todos brigam, todos vão-se embora. Eles não sabem que já se foram. Eu sei. Todos eles são muito tristes. Herança de quem? Pois sim.

ÁGUIDA – *(Gritando alto para Pequena)* Meus pincéis! *(Pequena entra e lhe entrega vários pincéis limpos. Águida fala para Pequena tentando chamar sua atenção)* É o que me lembro. Quando tudo começa a ficar ruim eu pinto todos. Gostam de ser pintados. São muito bonitos. Agora mesmo

ÁGUIDA – É sem cerimônia que vai acontecer.
É quando menos se espera. Só tem agora dez
coisas que acontecem. Dez coisas. Parece coisa
de velho ficar remoendo o que se pensa e
repensando o que se tem e pensando no que
se pensa, talvez só repensando no que se tem
e no que se pensa, como por exemplo, fico
querendo iniciar as coisas, e daí que logo depois
fico repensando se tenho mesmo que iniciar as
coisas, acabo que não inicio nada para depois
ficar pensando se é muito tarde para iniciar as
coisas. É muito tarde para que algo se inicie e
também é muito tarde para que algo se acabe.
Depois que as coisas acabam, fica bastante
limpo, o espaço. Vejo que digo o que não sei e
faço coisas que não entendo. Nunca fiz tanto
nada. Por isso não sabia como era bom não
fazer nada. No começo achava péssimo. Agora
me obrigam a fazer alguma coisa com tanto
nada que faço. Mas posso pelo menos me dar
ao luxo de dizer bobagens. Sou muito dócil.
Muito meiga. Não sabia que podia se ser assim.
Tenho dez coisas. Não sei o que é. Tenho tintas,
pincéis. Pinto todas as coisas, algumas vezes
lembro que tudo é meu, como agora, mas é só
agora. Se for assim, tenho mais de mil coisas.
Mas não quero ter tudo isso. Isso é muito
pouco. Se eu quiser mesmo o que quero terei
de viver mais setenta anos. Sempre tive o que
não quis, disso eu sabia, mas agora que só sei
o que sempre tive, não me deixam mais ter o
que sempre tive. Querem que eu tenha outra
coisa, mas não me dizem o quê. Talvez nem

PERSONAGENS
ÁGUIDA
PEQUENA

Música. Público entra. No palco, uma cadeira, uma mesa, uma gaveta no chão com toalhas brancas, um varal pendurado. Senhora Águida e Pequena estão no palco. Águida pintando seus pássaros de madeira e Pequena pendurando rosas no varal e arrumando as toalhas. Águida joga toalhas no chão, pisa nelas, derrama propositalmente um vidro de tinta em cima de uma. Pequena, irritada, sai. Águida senta num canto do palco em cima de uma de suas toalhas. Música "Emoções" de Roberto Carlos.

Coleção Palco
Sur Scène

A SENHORA COISA

Peça traduzida para o francês com o apoio da "Maison Antoine Vitez" Centro Internacional da Tradução Teatral. Uma leitura dramática dessa tradução foi feita dia 22 de outubro de 2005 no Théâtre de la Cité Internationale em Paris durante o Festival Teatro em Obras.

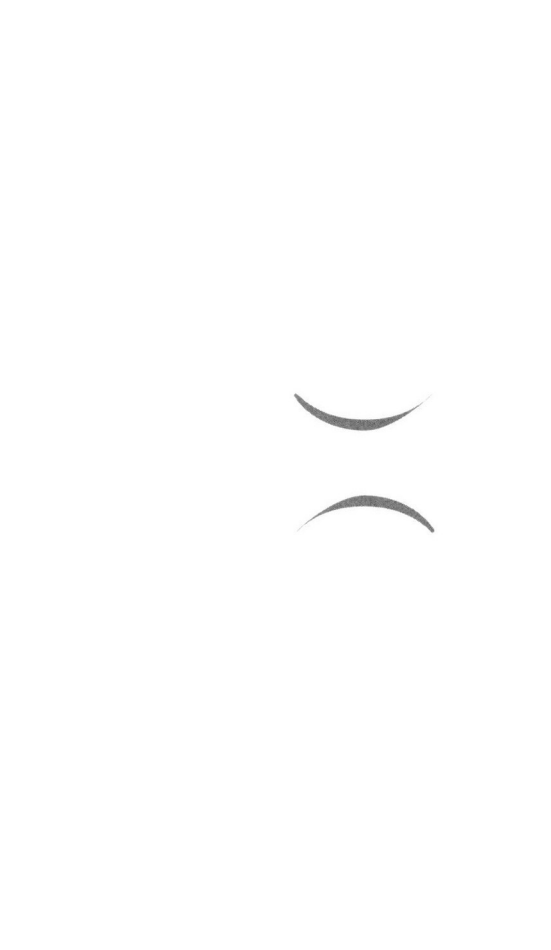

foram inspirados neles. Foram, porque Roure utilizou-se de suas aparências físicas, de suas idiossincrasias, de suas habilidades cênicas e de todo o material textual levantado por eles; e não foram porque tudo era invenção, construções híbridas, nascidas delas próprias, advindas da coleta de informações e somadas à livre imaginação do autor.

Senhora Coisa – originalmente um conto, adaptado para teatro em forma de monólogo – foi selecionada para o Projeto Nova Dramaturgia Brasileira, em 2002. As duas peças escolhidas para esta edição da coleção *Palco sur Scène* – *Senhora Coisa* e *Os últimos dias de Gilda* – fizeram bastante sucesso quando encenadas, e comprovam o universo poético-patético que povoa os personagens da dramaturgia de Roure, confirmando a intensidade lírica, lúdica e desdramatizada desse escritor, e inserindo-o entre os melhores desta nova geração de autores atuantes no Rio de Janeiro.

Ana Kfouri
Mestre em teatro pela UNIRIO, diretora da Cia Teatral do Movimento e do Grupo Alice 118, idealizadora e coordenadora do Centro de Estudo Artístico Experimental

Em *Preguiça*, peça escrita especialmente para a CTM, Roure brinca com as palavras, diverte-se em produzir sentidos e desfazê-los, em criar nexos pelos sons, pelo ritmo, em inventar outras palavras a partir das próprias palavras, em dizer e desdizer, em afirmar e duvidar da própria declaração. Nesta peça, Roure explora as tensões do homem contemporâneo relacionadas ao "fazer", ao "agir", ao "produzir", com alusões a diversas épocas, questionando a experiência de "tempo" que o mundo capitalista vivencia. Com um discurso impreciso e indeterminado, personagens esvaziados de sentido psicológico, com lapsos constantes de memória, num constante rir de si mesmo, o autor trabalha as tensões do homem contemporâneo com agilidade e humor, assumidos enquanto artifício.

Outra característica na escrita dramatúrgica de Rodrigo de Roure, e que considero bastante importante, é a exploração que o autor faz da capacidade performática individual dos atores para quem escreve, como, por exemplo, em *Preguiça*, *Preâmbulo de uma carta de adeus*, *As impostoras* e *Os últimos dias de Gilda*, aproveitando as singularidades e estranhezas deles, misturando-as com as suas próprias, criando um texto no qual estas características ao mesmo tempo se evidenciam e desaparecem. Por exemplo, em *Preguiça*, Roure e eu batizamos os personagens com os nomes dos próprios atores. A ideia era que os atores construíssem, desta forma, "personagens" com figuras dramáticas que foram criadas para eles e a partir deles. Este era o jogo proposto: aqueles personagens não seriam representações fidedignas e essenciais da "identidade" de cada ator, nem contariam histórias ou lembranças de suas vidas. Foram e não

Dentro deste panorama é interessante notar, neste início do século XXI, uma demanda significativa de produção dramatúrgica de jovens autores, que tem aquecido os palcos cariocas com leituras e encenações e, consequentemente, enriquecido a discussão sobre escrita cênica. Oriundos de universidades e grupos de teatro, escrevem e dirigem seus textos ou, de alguma maneira, ligados a um diretor e a um grupo, escrevem para a cena, acompanham os ensaios, vivenciando, portanto, o dia a dia da prática teatral. Dramaturgos como Camilo Pellegrini, Daniela Pereira de Carvalho, Pedro Brício, Roberto Alvim, Rodrigo de Roure, entre outros, inserem-se nessa forma de conceber teatro.

Venho acompanhando a trajetória de Rodrigo em sua firme determinação e dedicação à palavra escrita. Roure demonstra grande fluência em monólogos, como *Senhora Coisa*, *Preâmbulo de uma carta de adeus* e *Os últimos dias de Gilda*. Mas nos textos *As impostoras*, *Muitos anos de vida* e *Preguiça* essa fluência também se faz presente em um constante fluxo de consciência, manifestado através de imensas construções monológicas e dialógicas que, ágeis, refletem este pensamentear. Roure toma parte das questões da contemporaneidade com espírito crítico, e não teme o fluxo verbal, com referências teatrais e literárias diversas, característica já marcante em sua produção textual. Uma profusão, então, de referências e citações – teatrais, literárias, documentais, entre outras – livremente transformadas e retomadas, cria um terreno híbrido, de escritas várias, fragmentadas, que se desfazem, se renovam, se refazem em contextos diversos. Esta marca significativa tece a dramaturgia de Roure, fortemente desdramatizada e lírica.

RODRIGO DE ROURE E A NOVA DRAMATURGIA BRASILEIRA

É com alegria e orgulho que escrevo estas poucas linhas sobre Rodrigo de Roure, querido parceiro já há alguns anos, primeiro como ator do Grupo Alice 118, depois como dramaturgo da Cia. Teatral do Movimento (CTM), ambos os grupos por mim dirigidos. Mas antes de falar sobre ele, reflito um pouco sobre o panorama artístico em que Roure se insere.

Uma boa parcela do teatro contemporâneo vem trabalhando e pensando o teatro de forma não hierárquica, no sentido de não mais entenderem a cena com materialização de um texto, de uma ação dramática, mas realizando outros processos de feitura da cena, nos quais, por exemplo, a luz, a sonoridade, a corporeidade, para citar apenas alguns aspectos, podem ser também enunciados e pontos de partida para o fazer cênico. É perceptível nesses tipos de montagem a construção de dramaturgias que rompem com a estruturação convencional do gênero dramático, assim como recusam "esquemas" espaciais ilusionistas, fundados em pressupostos tais como a frontalidade da cena, a separação entre palco e plateia e a demarcação de um espaço específico para o acontecimento teatral, destinado somente à representação.

SUMÁRIO

APRESENTAÇÃO	7
DE MOLIÈRE A DE ROURE	8
PALCO SUR SCÈNE	10
RODRIGO DE ROURE E A NOVA DRAMATURGIA BRASILEIRA	15
A SENHORA COISA	21
OS ÚLTIMOS DIAS DE GILDA	47

Publicados na coleção *Palco sur Scène* os textos teatrais de autores brasileiros e franceses vão sendo expostos à imaginação do leitor e a do homem de teatro. Desejamos que o primeiro encontre as chaves necessárias para inventar sua "representação fictícia"[1], e o segundo, as que o levarão para o palco, e...

–"Vamos ao Teatro!", deixa do imenso ator Paulo Autran, que ecoa no final de cada peça na *Palco sur Scène*[2].

Marinilda Bertolete Boulay
Coordenação e direção editorial

---

[1] Em Anne UBERSFELD, *Lire le Théâtre, Para ler o teatro*, Paris, Éditions Sociales, 1982; São Paulo, Editora Perspectiva, 2005.
[2] O ator brasileiro Paulo Autran faleceu em 2007.

PALCO SUR SCÈNE

A coleção bilíngue *Palco sur Scène* apresenta a diversidade da produção teatral francesa e brasileira das últimas décadas, valorizando algumas experiências de encenação e dramaturgia que redefiniram o panorama do teatro contemporâneo dos dois países. Solidária à causa dos dramaturgos, ela vem pressionar ao lado deles as paredes do exíguo corredor editorial do setor, além de permitir que suas peças atravessem a barreira da língua, em busca de novas interpretações e novos públicos.

Essa coleção coloca-nos em contato com os textos de alguns dos mais significativos dramaturgos franceses e brasileiros da atualidade. A Jean-Luc Lagarce, com cuja obra esta coleção nasceu em agosto 2006, sucederam-se Philippe Minyana e Michel Vinaver. Os brasileiros Bosco Brasil e Newton Moreno passam nessa edição a palavra a Rodrigo de Roure, cujos hábeis monólogos nos fazem penetrar com humor, simplicidade e poesia dois surpreendentes universos femininos, o de Gilda e o da Senhora Coisa.

Nossa vontade de traduzir e de publicar textos destes autores contemporâneos indispensáveis, até então disponíveis de maneira restrita – é nossa tentativa de tornar suas obras mais acessíveis aos profissionais do teatro francês e brasileiro e, através deles, posteriormente ao grande público.

Publicados em formato elegante com traduções de qualidade, numa edição bilíngue (francês e português), intitulada *Palco sur Scène*, esses autores são colocados em evidência e, esperamos, atingirão a visibilidade e o reconhecimento que eles merecem de ambos os lados das fronteiras de nossos países... Ouviremos o estilo lapidado de Lagarce com mais constância nos teatros brasileiros, e os textos de Newton Moreno num teatro parisiense ou no Festival de Avignon? Estimular os encontros entre autores e diretores franceses e brasileiros, este é o desafio.

Philippe Ariagno
Adido cultural
Consulado Geral da França em São Paulo

DE MOLIÈRE A DE ROURE

Molière, Shakespeare, Nelson Rodrigues ou ainda Beckett são autores reconhecidos no mundo inteiro... Qual raro teatro ainda não ouviu ressoar as palavras destes autores? Qual ator ou atriz não sonhou lendo estes textos interpretar Scapin, Cordélia ou Alaíde. Há várias gerações, as peças de teatro destes grandes autores, amplamente publicadas e traduzidas, são montadas em várias línguas, passam de diretor em diretor, atravessam as fronteiras linguísticas do mundo, estimulam a variedade de montagens teatrais, as interpretações possíveis, dando a estes "clássicos" uma espécie de eterna juventude, para o grande prazer do público.

Jean-Luc Lagarce, Bosco Brasil, Philippe Minyana, Newton Moreno, Michel Vinaver, ou ainda Rodrigo de Roure merecem, por sua vez, serem lidos e montados muito mais e não somente, ou quase, em seus países de origem.

APRESENTAÇÃO

A coleção *Palco sur Scène* apresenta a diversidade da produção teatral contemporânea, valorizando a nova dramaturgia que desponta nas cenas do Brasil e da França.

Com essa coleção de textos inéditos a Imprensa Oficial focaliza os herdeiros de longa tradição do teatro de pesquisa e investigação construída, na França, por tantos autores e diretores decisivos na formulação de uma reflexão sobre o nosso tempo.

No caso brasileiro, em que é tão difícil o reconhecimento e a edição de textos dramatúrgicos – bastaria lembrar Plínio Marcos, com suas inúmeras edições independentes, vendendo seus próprios livros nas escadarias do Teatro Municipal – nossas edições contemplarão alguns dos talentos mais representativos na área de experimentação teatral.

Nesta coleção, duas línguas e duas culturas se encontram para perpetuar os sortilégios e o poder do teatro que, desde os gregos, não ignora a importância de seu papel nas indagações que a sociedade deve propor a si mesma, confrontando ética e estética, e atualizando, face à passagem do tempo, as grandes questões que tocam o homem e o mundo contemporâneo.

Temos certeza de estar, assim, contribuindo para o debate de temas importantes e para manter viva a história do teatro.

Hubert Alquéres
Diretor-presidente
Imprensa Oficial

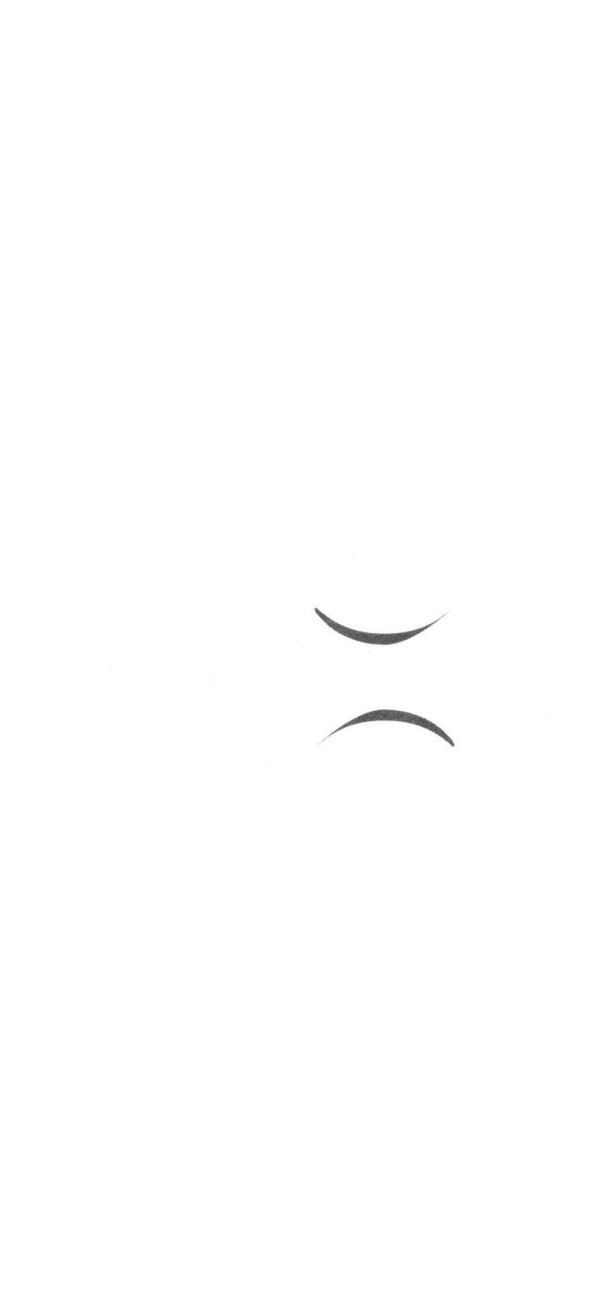

Coleção Palco
Sur Scène

A SENHORA COISA

OS ÚLTIMOS DIAS DE GILDA

Rodrigo de Roure

© A Senhora Coisa 2002 e Os últimos dias de Gilda 2004, Rodrigo de Roure,
© da tradução Maria Clara Ferrer, 2009

Todos os direitos reservados   Impresso no Brasil 2010

Dados Internacionais da Catalogação
Biblioteca da Imprensa Oficial do Estado de São Paulo

Roure, Rodrigo de, 1978
    A senhora coisa; Os últimos dias de Gilda / Rodrigo de Roure – São Paulo : Aliança Francesa : Instituto Totem Cultural: Imprensa Oficial do Estado de São Paulo, 2010.
    87p. – (Coleção Palco sur Scène/ Coordenação Marinilda Bertolete Boulay)

    Obras publicadas juntas em sentido inverso.
    Publicado com: Madame chose, Les derniers jours de Gilda (89p.)
    ISBN 978-85-7060-782-9 (Imprensa Oficial)
    ISBN 978-85-62193-05-7 (Instituto Totem Cultural)

    1. Teatro brasileiro 2. Teatro (Século 21) – Brasil 3. Literatura brasileira. I. Boulay, Marinilda Bertolete. II. Título. III. Série.

CDD 869.92

Índice Sistemático:
Teatro : Século 21: Brasil 869.92

Foi feito o depósito legal na Biblioteca Nacional
Lei nº 10.994, de 14/12/2004

Proibida a reprodução total ou parcial
sem a autorização prévia dos editores

ALLIANCE FRANÇAISE
Rua General Jardim, 182 7º andar
01223 010 São Paulo SP
T 00 55 11 3017 5699
T 00 55 11 3017 5687
F 00 55 11 3017 5694
dirgeral@aliancafrancesa.com.br
www.aliancafrancesa.com.br

INSTITUTO TOTEM CULTURAL
Rua José Angelo Calafiori, 52
13960 000 Socorro SP
T 00 55 11 3589 6424
C 00 55 11 9160 3589
totem@uol.com.br
www.totemcultural.org

IMPRENSA OFICIAL
DO ESTADO DE SÃO PAULO
Rua da Mooca, 1921 Mooca
03103 902 São Paulo SP
SAC 0800 0123 401
livros@imprensaoficial.com.br
sac@imprensaoficial.com.br
www.imprensaoficial.com.br

ColeçãoPalco
Sur Scène

A SENHORA COISA

OS ÚLTIMOS DIAS DE GILDA

Rodrigo de Roure

Coleção Palco sur Scène

Autores franceses
Jean-Luc Lagarce
Philippe Minyana
Michel Vinaver
Bernard-Marie Koltès

Autores brasileiros
Bosco Brasil
Newton Moreno
Rodrigo de Roure

Coleção Palco
Sur Scène

VOLUME
BR 06